U0515172

中国对东盟直接投资的贸易效应研究

房 裕◎著

ZHONGGUO
DUI DONGMENG ZHIJIE TOUZI DE
MAOYI XIAOYING YANJIU

中国财经出版传媒集团

经济科学出版社
Economic Science Press

图书在版编目（CIP）数据

中国对东盟直接投资的贸易效应研究/房裕著. ——
北京：经济科学出版社，2022.11
ISBN 978 - 7 - 5218 - 4238 - 8

Ⅰ.①中…　Ⅱ.①房…　Ⅲ.①对外投资-直接投资-
研究-中国 ②东南亚国家联盟-外商投资-直接投资-研
究　Ⅳ.①F832.6 ②F833.304.8

中国版本图书馆 CIP 数据核字（2022）第 213254 号

责任编辑：顾瑞兰
责任校对：杨　海
责任印制：邱　天

中国对东盟直接投资的贸易效应研究

房　裕　著

经济科学出版社出版、发行　新华书店经销

社址：北京市海淀区阜成路甲 28 号　邮编：100142
总编部电话：010-88191217　发行部电话：010-88191522
网址：www. esp. com. cn
电子邮箱：esp@ esp. com. cn
天猫网店：经济科学出版社旗舰店
网址：http://jjkxcbs. tmall. com
固安华明印业有限公司印装
710 × 1000　16 开　11 印张　180000 字
2022 年 11 月第 1 版　2022 年 11 月第 1 次印刷
ISBN 978 - 7 - 5218 - 4238 - 8　定价：59.00 元
（图书出现印装问题，本社负责调换。电话：010 - 88191510）
（版权所有　侵权必究　打击盗版　举报热线：010 - 88191661
QQ：2242791300　营销中心电话：010 - 88191537
电子邮箱：dbts@ esp. com. cn）

前　言

　　冷战结束后，世界形成了以美国为主导的单极世界，世界经济发展呈现不平衡性规律。近年来，巴西、俄罗斯、印度、中国、南非等新兴市场国家和发展中国家"群体性"崛起，打破了世界力量对比，国际政治经济加速演变，全球贸易和投资环境发生了深刻变化。2008 年国际金融危机以后，欧美等发达国家经济增长持续低迷，欧美等国试图通过"再工业化"战略重塑全球影响力，"逆全球化"贸易保护主义抬头，世界经济发展面临的不稳定性因素显著增多。特别是特朗普政府执政后，奉行"美国第一"的单边主义，多边贸易体制遭到严重破坏。同时，美国政府单边发起中美"贸易战"，给国际贸易和投资环境带来巨大不稳定性和不确定性。近年来，随着新冠肺炎疫情出现、暴发、加速扩散与持续蔓延，全球价值链、产业链遭遇严重冲击。世界大变局叠加新冠肺炎大流行影响，国际贸易和投资趋于恶化，我国对外投资和贸易多面承压，新时期对外开放面临前所未有的挑战，但也迎来多重利好，"一带一路"倡议加速推进、《区域全面经济伙伴关系协定》（RCEP）签署落地等为我国持续扩大对外开放提供了重大机遇和广阔空间。由此，能否通过加快"走出去"开展对外直接投资带动对外贸易发展、实现对外投资与贸易的良性互动，对推动"双循环"新格局形成意义重大，值得深入研究。

　　鉴于此，本书以中国对东盟直接投资的贸易效应为考察对象，在深入研究对外直接投资影响进出口贸易内在机理的基础上，通过定量分析中国与东盟直接投资和进出口贸易状况，案例研究中国与东盟自贸区建设及合作成就，以及实证考察中国对东盟直接投资贸易效应的前提下，形成以下主要结论。

　　一是中国对东盟 OFDI 规模不断扩大。国别层面，主要集中在新加坡、印度尼西亚、老挝、马来西亚和泰国等；行业层面，主要聚焦于制造业、租赁与商务服务业、批发和零售业、电力/热力/燃气及水的生产和供应业、采矿业等

5 大行业；地位层面，中国对东盟直接投资在"一带一路"沿线对外直接投资（OFDI）总量中的占比逐渐提高；风险层面，新加坡、柬埔寨等国风险相对偏低，但需防范因负面国际舆论等因素影响产生的投资快速反弹。

二是中国对东盟贸易规模稳步扩大。出口国别上，主要集中于越南、新加坡、马来西亚、印度尼西亚和泰国；进口国别上，主要集中在马来西亚、越南、泰国、新加坡和印度尼西亚；出口结构上，主要体现为第 16 类机电、音像设备及其零件、附件商品，第 11 类纺织原料及纺织制品，第 15 类贱金属及其制品，第 20 类杂项制品和第 6 类化学工业及其相关工业产品；进口结构上，主要集中于第 16 类机电、音像设备及其零件、附件商品，第 5 类矿产品，第 6 类化学工业及其相关工业的产品，第 18 类光学、医疗等设备、钟表和乐器出口和第 17 类车辆、航空器、船舶及运输设备；贸易地位上，近三年东盟实现"赶欧超美"，成为中国第一大贸易伙伴。但同时，也应高度警惕产业链加速外迁可能产生的"产业空心化"风险。

三是出口贸易的规模效应比较显著。我国对东盟直接投资存在显著的"出口创造"效应，但对反向进口贸易的影响不显著。

四是贸易产品结构效应具有异质性。从出口产品结构看，我国对东盟各国直接投资，在工业制成品总出口及资源与劳动密集型产品出口上存在显著的出口替代效应，但对初级产品出口以及资本和技术密集型产品出口的影响均不显著；从进口产品结构看，我国对东盟各国直接投资，在初级产品进口、工业制成品总进口及资源与劳动密集型产品进口方面均具有显著反向进口效应，但对资本与技术密集型产品进口未表现出明显反向进口效应。

五是中国与东盟自贸区建设迈向高水平。自 2002 年中国与东盟开启自贸区谈判，并签署《中国与东盟全面经济合作框架协议》以来，到 2020 年正式签署生效《区域全面经济伙伴关系协定》（RCEP）。经过近 20 年持续深入探索，中国与东盟聚焦高质量推动自贸区建设步入"快速通道"。由此，双方在投资贸易领域合作迈上新台阶，为打造中国东盟"利益共同体"提供了强有力支撑，为推动双方携手共建更紧密的中国—东盟"命运共同体"奠定了更坚实的基础。

综上所述，本书认为应充分吸收和借鉴国际先行经验，通过引导中国企业全面深入把握东盟整体投资环境，通过不断调整投资空间流向、优化投资产业布局、加强新兴产业投资、创新对外投资方式、健全对外投资政策促进体系以及加强与第三方市场交流合作等综合举措，进一步提升中国对东盟 OFDI 的进出口规模和产品结构效应，持续增强对外直接投资的贸易效应，实现我国对东盟高水平对外直接投资促进带动贸易高质量发展。

目　录

第1章 绪 论

1.1 研究背景

1. 国际政治经济格局加速演变

15～17 世纪地理大发现促使欧洲崛起，西方强国纷纷登场成为世界历史发展的重要特征。进入 21 世纪后，在世界经济发展与演变的不平衡规律促动下，发展中国家和新兴市场国家"群体性"崛起，打破了世界力量对比，成为国际大变局中的关键性因素。发达国家 GDP 从 20 世纪 50 年代的 70% 大幅降至目前的 43%。新兴经济体经济体量从 30% 快速增至目前的 57%（张蕴岭，2018），国际经济格局发生了显著变化。与之对应，近 40 年来，全球经济总量排名前 11 位的国家出现了新的变化，2017 年中国、印度、巴西和俄罗斯排名上升至第 2、第 6、第 8 和第 11 位，但在 1977 年仅有中国和巴西居第 9 和第 10 位，苏联位列第 2 位（刘贞晔，2019），即在过去的 40 年中，经济全球化加速推进与国际产业快速转移，使得各经济体发展趋向不平衡，各国经济实力对比发生了巨大变化（贾文山、江灏锋，2022）。经济实力对比失衡驱动国际经济格局演变，引起国际政治格局的变化。"衰落者"极力维护自身权力，"崛起者"要求扩大自身权力，国际经济旧秩序难以为继。当今世界，正经历百年未有之大变局。

百年大变局下，国际力量对比的深刻调整，传统工业化向可持续发展的范式变化，新一轮科技革命和产业变革的深入发展，以及全球治理的范式更迭（王永昌、李梦云，2021），加速推动国际政治经济格局演变，逆全球化思潮暗流涌动，国际投资贸易环境日趋复杂严峻，不稳定性、不确定性因素显著增加。世界格局的变化会引起国际关系、外交乃至军事等核心领域的震荡和调整（雷达、初晓，2021），聚焦国家间利益的争夺必将日趋激烈。

2. 保护主义严重威胁投资自由

2018 年以来，特朗普政府"单边"实施贸易保护主义及单边主义政策。多次以各种理由对来自欧盟特别是中国等地的进口产品加征高额关税，同时将中国、德国以及日本等重要贸易伙伴划归为汇率政策操纵监测名单，单方面挑起贸易摩擦和争端。尤其是 2018 年和 2019 年，美国相继颁布了《外国投资风险审查现代法案》（FIRRMA）和《关于审查涉及外国人及关键技术特定交易的试点计划的决定和暂行规定》，这一重大变化凸显美国对外资态度和国家安全认识发生了重大转变，以"国家安全"为由进一步强化外国投资安全审查（王保民、袁博，2020），给外国投资者尤其是中国企业赴美投资造成实质性冲击，2018 年中国对美投资锐减 80%（宋瑞琛，2020）。由此，引发英国、欧盟、日本等国家效仿开始收紧外资审查政策（房裕、田泽，2020），其根本意图旨在强化对"关键领域"外国投资的审查。

投资贸易保护主义盛行，给经济全球化以及贸易和投资带来巨大危害，严重影响了全球各国的经济增长。对此，世界银行（WB）、国际货币基金组织（IMF）等机构相继发出警告，贸易保护主义将恶化全球经济环境，将危及各国经济增长。2018 年 6 月，世界银行预计全球范围若大幅度提升进口关税且达到世贸组织（WTO）允许的上限，将导致全球贸易下降 9%。倘若各国均采取贸易保护主义，其负面影响将更大。同年 10 月，国际货币基金组织发布报告称，贸易壁垒若持续提高，必将严重影响全球供应链，障碍新技术传播，拉低全球生产率，降低各国经济福利水平。大范围的进口约束及限制将提高可贸易商品的各类成本，给低收入居民和家庭带来较大危害。受贸易保护主义影响，世界经济增长率在 2018 年和 2019 年出现连续下降态势，分别为 3.0% 和 1.55%，较上年的 3.2% 呈明显下降趋势（徐宏强，2020）。

3. 新冠肺炎疫情重创全球供应链

当前，新冠肺炎疫情虽然在中国得到了有效控制，但在世界部分国家仍存在持续扩散和蔓延的态势，给贸易摩擦频发及争端冲击不断的全球经济雪上加霜，全球供应链（GSC）出现大范围"断链"现象，国际生产、投资和贸易等受到严重冲击。2020 年 4 月，国际货币基金组织（IMF）公布的《世界经济展望》测算显示，2020 年世界经济将缩水 4.9%，要恢复至 2019 年末的水平至少需要 2 年时间；2020 年 6 月，世界银行公布的《全球经济展望》报告表明，全球疫情世纪大流行导致国际经济陷入深度衰退。根据世界银行数据估计，2020 年全球经济缩水 5.2%，发达经济体经济缩水 7%，发展中国家和新兴经济体经济缩水 2.5%，出现二战以来最为严重的经济衰退，同时，世界人均收入水平下降 3.6%；2020 年 6 月，经合组织（OECD）颁布的《经济展望报告》估计显示，全球经济或将经历"一个世纪"最为严重的衰退，2020 年预计世界经济将收缩 6%。倘若新冠肺炎疫情得到有效控制，2021 年世界经济或将反弹至 5.2%；如果下半年疫情出现二次暴发，2021 年世界经济仅增长 2.8%。

全球经济增长低迷，特别是美国、欧盟等发达国家经济增长乏力，加快推动国际政治与经济格局发展演变，单边主义和保护主义日益盛行，全球产业链、供应链及价值链遭遇冲击，重创国际贸易和投资。根据贸发会议（UNCTAD）发布的《2020 年统计手册》显示，2020 年全球商品贸易额较去年下降 5.6%，服务贸易额下降 15.4%。全球整体贸易量急剧下滑对各国（地区）贸易措施产生影响。世界贸易组织（WTO）最新发布的《贸易监测报告》显示，G20 国家对货物实施的贸易限制和贸易便利化措施的数量和覆盖面均有所收缩。世界经济陷入衰退风险明显上升，产业链、供应链循环受阻，国际投资和贸易萎缩，我国对外贸易发展环境面临的不确定性显著增多。《中国对外贸易形势报告（2020 年春季）》显示，中国企业尤其是中小微企业生产困难凸显，社会就业压力明显增大，中国外贸发展面临的风险与挑战异常复杂，"稳外贸"形势依然严峻。

4. 中国经济发展面临多重约束

新时代，中国经济高速增长过程中累积的矛盾和问题呈集中爆发态势，一些"中国式难题"被"中国式速度"所掩盖，在经济增速放缓背景下，外部环境出现恶化，诸多问题和难题逐渐显现。中国或将面临"修昔底德陷阱""中等收入陷阱"双重压力（全毅，2019）。具体表现为：一是传统的低成本要素扩张模式导致产业结构失衡。如钢铁、水泥、家电和煤炭等传统优势产业出现严重的"产能过剩"。然而，新发展动能尚未形成，致使中国在关键技术、核心技术等领域对外进口依存度过高，高科技产业发展受制于欧美等发达国家，脆弱性凸显。二是对外贸易结构失衡加剧了中国经济发展的脆弱性。长期以来，以出口导向为主导的外向型经济发展模式，使得我国长期对美国、欧盟等国家保持巨额贸易顺差，对德国、日本等国家长期处于贸易逆差，极易引发国际贸易摩擦和争端，给中国经济长期稳定可持续发展造成潜在威胁。三是中国经济结构转型面临全球价值链高端和低端"双重锁定"。一方面是来自欧美等发达经济体高附加值产业的高端挤压，另一方面是来自如东南亚等新兴经济体低附加值制造业的低端竞争。中国既有的以低廉成本优势参与国际分工合作的传统竞争优势日渐式微，新的竞争优势尚处于培育状态。全球价值链加速解构与重构，使得中国健康稳定持续发展面临极大的"产业空心化"问题或落入"中等收入陷阱"风险。

与此同时，中国经济在高速发展进程中凸显的劳动力成本上升、人口结构加速失衡、资源环境约束趋紧以及外部市场不景气等问题（张兴祥，2020），同样给中国经济健康可持续发展带来严峻挑战。当前，百年未有之大变局叠加世纪疫情大流行冲击引致的国际环境变化，更给处于"转型"发展的中国经济带来诸多不稳定性和不确定性。面对复杂且多变的国内外环境，我们需要高度保持战略定力，审时度势，抢抓机遇，迎难而上，乘势而上，以持续深化改革推动对外开放，以深化改革和扩大开放解决发展中遇到的现实难题与风险挑战，实现高水平对外开放推动中国经济高质量发展。

5. 对外开放合作迎来重大机遇

伴随"一带一路"倡议深入实施，尤其是 2020 年 11 月《区域全面经济伙伴关系协定》（RCEP）正式签署生效，中国对外开放迎来千载难逢的重大机遇。区域全面经济伙伴关系协定的敲定，标志着一个当下覆盖全球人口数量最多、经贸规模最大、最富发展潜力的自由贸易区扬帆起航。RCEP 是目前全球最大的自贸协定，其签署实施，是国家和地区以实际行动捍卫和维护多边贸易体制、持续共建开放型经济的关键一步，对未来进一步深化区域经济一体化及增强世界经济发展动力具有标志性意义。贸发会议（UNCTAD）发布的报告强调，RCEP 将有力推动区域内各成员间以及其他地区经济体对该地区的外商直接投资（FDI）增长。RCEP 签署的关于投资层面的条款将长期改善和提升该地区的投资机遇。同时，协定中所包含的有关货物与服务贸易、知识产权、电子商务等方面的条款将带动贸易自由便利化、进一步压减企业交易成本，有助于增加 FDI 区域流量。WTO 发布的《货物贸易晴雨表》报告称，中国正采取积极有效的措施加强疫情防控，以确保稳定疫情。与此同时，相继出台了一系列超常规、阶段性的政策和措施，力保在"关键环节"和龙头企业能够正常运转，力争稳定外贸"产业链、供应链"，为企业复工复产达产争创良好条件，进而推动对外贸易稳增长。根据海关总署统计数据，2020 年前 11 个月，中国出口规模达到 16.13 万亿元，增长 3.7%；进口总额为 12.91 万亿元，下降 0.5%，整体呈持续向好、加速增长态势。从贸易伙伴国看，东盟始终保持我国第一大贸易伙伴地位。前 11 个月，中国与东盟贸易总规模实现 4.24 万亿元，增长 6.7%，占全国外贸总量的 14.6%。

6. 中国东盟经贸合作逆势增长

东盟是当前世界最重要的增长地区之一。区域内的 10 个国家，部分国家正向发达国家迈进，部分国家正处于发展阶段，投资贸易机会广泛。东盟稳定增长的核心动力，包括强劲的经济增长和人口资源优势、对实物和数字基础设施的海量投资、全球和区域投资者浓厚的投资兴趣、新兴中产阶级消费者群体、对设立商业或区域中心等提供有强有力的税收优惠。中国和东盟山水相连，友好交往和经贸合作源远流长。2003 年 10 月，中国作为非成员国率先加入《东南亚友好合作条约》（TAC），双方建立战略伙伴关系。由此，中国与东盟经贸务实合作迈向"快速车道"，双方贸易、投资与互利合作不断取得令人瞩目的成绩。双方共同建成全球经济总量最大的发展中国家自贸区：中国—东盟自由贸易区。自 2009 年起中国连续 10 年保持东盟第一大贸易伙伴，而自 2011 年起东盟连续 8 年位居中国第 3 大贸易伙伴，2019 年上半年东盟超过美国成为中国第二大贸易伙伴；中国是当前东盟的第 4 大投资来源地，而东盟则是中国的第 2 大投资来源地和第 3 大投资目的地。

7. 疫情下的中国东盟合作

受新冠肺炎疫情反复冲击，2020 年东盟国家经济深陷衰退，《东盟经济一体化通报》第 9 期数据显示，全年经济增长率为 −3.3%，其中印度尼西亚、新加坡等国经济均出现自亚洲金融危机以来最大降幅，国内投资和消费急速下滑，生产和出口急剧下降。2020 年东盟利用外资为 1358.7 亿美元，较之 2019 年下降 24.9 个百分点；进出口贸易额为 2.66 万亿美元，较上年度下降 5.5 个百分点。2021 年第一季度，东盟各国经济仍存在不同程度衰退。但在此背景下，中国与东盟经贸合作仍表现出良好发展态势。

2020 年 5 月，中国与东盟发表抗击疫情联合声明，承诺双方应继续保持市场开放，消除不必要的政策壁垒和限制，共创优良的贸易投环境，力推投资贸易自由便利化（孙悦、范健，2022）。充分发挥中国与东盟自贸区功能，助力区域经济企稳复苏。同时，还共同发表合力应对疫情确保供应链安全畅通声明，努力保障双方运输及物流体系畅通，维护中国与东盟产业链供应链安全（于津平、印梅，2021）。此外，中国与新加坡、印度尼西亚等国开辟货物和人员"绿色通道"，力促区域供应链、产业链和价值链稳定（王勤，2021）。

百年大变局和新冠肺炎大流行叠加冲击，中国东盟经贸务实合作呈逆势上扬态势。2020年，双边进出口总规模达到6846亿美元，同比增长了6.7%。东盟则首次超越欧盟成为中国最大的贸易伙伴。由此，双方互为最大贸易合作伙伴。与此同时，中国对东盟直接投资额达到143.6亿美元，同比增长了52.1%；中国在东盟新签署的工程承包合同额达到611亿美元，实际完成额340亿美元（徐步、杨帆，2016）。由此可见，经贸合作已成为中国—东盟关系的"压舱石"，为推动新时代双方构建更紧密的经济利益共同体奠定基础。

1.2 研究意义

2008年国际金融危机以来，世界经济陷入"新平庸"。单边主义、保护主义等"逆全球化"思潮暗流涌动，中国对外贸易环境发生了深刻变化，中美贸易摩擦持续升级更加剧了中国外贸形势的不确定性。同时，我国经济发展步入供给侧改革攻坚期，经济增长正处于新旧动能转换期，尽管新兴产业与技术发展态势良好，但基础依然不稳固。国际环境变化和国内条件约束双重制约，宏观经济面临较大不确定性，增长下行压力日益凸显，出口前景不容乐观（盛斌，2019）。突如其来的新冠肺炎疫情使得国际产业链、供应链被迫中断，世界经济贸易受到严重冲击，中国外贸企业生产同样遭遇严重影响，大量外贸企业订单被取消，尤其是中小企业损失较大，由此造成的企业延期复工复产、交通管制等更加剧了对出口企业的负面效应（沈国兵，2020）。

外贸是中国经济发展的重要引擎。在常态化疫情防控下，我国进行全面部署，做好"六稳"工作，落实"六保"任务，进一步加强稳外贸稳外资工作，稳住外贸主体，稳住产业链供应链。同时，为积极应对贸易摩擦与新冠肺炎疫情对外贸的影响，我们还需要多渠道、多层次探寻能够促进外贸发展的新的动力。理论分析和实践研究表明，对外直接投资具有一定贸易拉动效应，能够促动对外贸易增长。因此，重视对外直接投资的积极贸易效应，探明其促进对外贸易的路径，进而充分发挥其正向效应，对于当前推进我国外贸稳增长具有极其重要的理论价值和现实意义。

　　一方面，相关研究可以丰富、完善和拓展对外直接投资及对外贸易增长理论。早期关于对外直接投资贸易效应的研究，主要聚焦于发达国家视角，且侧重于宏观层面（如贸易规模效应）的分析，对贸易产品结构层面的探究略显不足。因此，本书选取发展中国家视角，特别是探究中国对外直接投资与进出口贸易的内在关联问题，同时关注其贸易产品结构效应，有助于补充和丰富这一领域的研究内容，是对现有相关理论研究成果的有益补充。

　　另一方面，尝试构建后发国家以稳外贸为核心的对外直接投资理论分析框架，以降低对发达国家的进出口贸易依存度，逐步形成由中国企业主导的全球价值链、产业链，以切实摆脱当前由发达国家主导"中心—外围"的格局，突破价值链"低端锁定"困境，进而实现产业价值链攀升和产品附加值提升，是值得深入研究的重要议题。

　　鉴于此，本书在全面系统梳理国内外相关研究成果的基础上，对对外直接投资影响进出口贸易的机理进行描述与刻画，为后续实证研究提供坚实理论支撑。进一步地，聚焦本书核心议题，通过对中国对东盟国家直接投资与进出口贸易现状的深入解析、基于贸易规模及其产品结构效应的实证考量、双方自贸区建设成就的归纳总结，以及中国与东盟携手共促利益共同体向命运共同体构建转变的探讨，形成主要研究结论，并以此提出具体政策建议。

1.3　研究思路与框架

　　本书按照"破题→立题→解题"的逻辑思路，首先，通过系统梳理既有相关研究成果，提出研究切入点；其次，通过深入探究对外直接投资影响进出口贸易的内在机理，并结合中国对东盟直接投资与进出口贸易合作成效及其演变轨迹，确定研究议题；再次，通过定性分析与基于贸易规模和结构两个维度效应的实证研究，探明对外直接投资的贸易效应；最后，结合中国与东盟自贸区高质量共建成效总结，以及双方命运共同体共建探索，形成研究结论。据此，提出具体可操作性的政策及建议。本书的技术路线如图 1-1 所示。

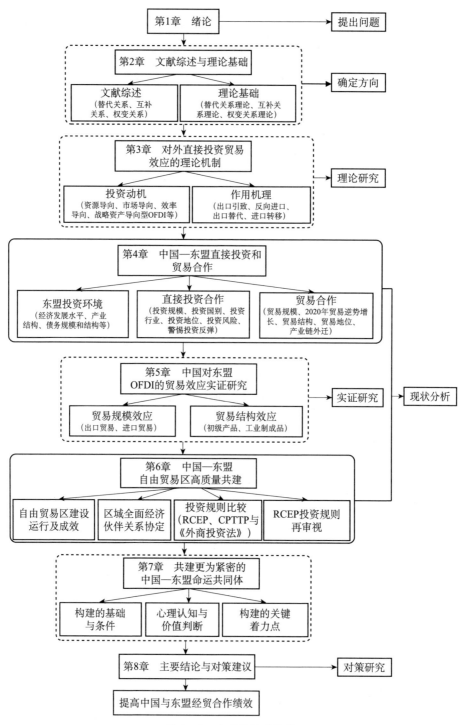

图 1-1 本书的技术路线

1.4　研究方法与内容

本书综合运用国际投资学、国际贸易学、产业经济学、区域经济学、计量经济学以及经济史等多学科理论和方法，结合中国对东盟直接投资与进出口贸易层面的相关数据，运用理论分析与实践研究、定性分析与实证研究、案例分析与比较研究等相结合的方法，对议题进行深入分析和全面解读。具体研究内容，主要包括以下八个部分。

第 1 章，绪论。对本书内容作了概括和介绍，主要包括研究背景及意义、研究思路与框架、研究方法与内容以及创新之处与不足。

第 2 章，文献综述与理论基础。文献综述部分，主要包括对外直接投资与进出口贸易的替代关系、互补关系和权变关系三个层面进行综述，指出目前研究的不足之处；理论基础部分，主要涉及 OFDI 与进出口贸易的替代理论、互补理论和权变理论，提出研究切入点。

第 3 章，对外直接投资贸易效应的理论机制。基于资源导向型、市场导向型、效率导向型和战略资产导向型 OFDI 动机阐释，从母国 OFDI 影响出口引致、反向进口、出口替代和进口转移效应进行深入剖析其内在机理，为后续实证研究奠定理论基础。

第 4 章，中国—东盟直接投资和贸易合作。主要包括中国对东盟直接投资和进出口贸易两个方面，其中，对外直接投资主要涉及投资规模、投资国别、投资行业、投资地位、投资风险以及警惕投资反弹六个方面；进出口贸易主要涉及贸易规模、2020 年贸易逆势增长及动因、贸易结构、贸易地位以及产业链外迁五个方面，以明确二者之间蕴含的内在关联。

第 5 章，中国对东盟 OFDI 的贸易效应实证研究。基于构建的贸易引力模型，主要从贸易规模效应和贸易产品结构效应〔包括初级产品、工业制成品（包括资本与技术密集型产品、资源与劳动密集型产品）〕两个维度，实证研究中国对东盟 OFDI 的贸易效应，以测度二者之间的影响程度，与定性分析相互印证，提出相应对策措施。

第 6 章，中国—东盟自由贸易区高质量共建。主要包括中国—东盟自由贸易区建设运行及成效、区域全面经济伙伴关系协定（RCEP）的核心内容、重大意义、典型特征和经济效应模拟评估，以及投资规则（RCEP、CPTTP 与《外商投资法》）比较与 RCEP 投资规则再审视四个方面的内容，旨在全面展示双方经贸合作的平台和有利条件。

第 7 章，共建更为紧密的中国—东盟命运共同体。主要包括构建的基础和条件、心理认知与价值判断和构建的关键着力点三个层面的内容，明晰中国东盟携手构建命运共同体的可行性、必要性和价值。

第 8 章，主要结论与政策建议。主要包括具体研究结论、投资促进和政策建议三个部分。其中，投资促进部分主要涉及中国外资促进和东盟外商投资吸引。

1.5　本书的创新点

1. 可能的创新

一是研究视角方面的创新。目前，学术界普遍关注对外直接投资对母国的经济增长、产业升级、出口贸易以及扩大就业等方面的分析，且研究结论存在一定争议。同时，在经验和实证研究上主要聚焦发达国家对发展中国家影响的视角，对发展中国家之间如中国与东盟主要国家之间的研究不多。事实上，近年特别是"一带一路"倡议提出以来，中国与东盟的直接投资与贸易合作日益频繁，成效显著。因此，基于中国与东盟视角，探索研究并揭示其对外直接投资与进出口贸易之间的互动关系，具有重要的学术价值和实践意义。此外，既往的相关研究多侧重于对外直接投资与进出口贸易规模之间的关联，缺乏对进出口贸易产品结构层面的分析。对此，本书进行了补充和完善，拓宽了相关研究的理论视野和学术认知。

二是影响机理方面的完善。既有的相关研究成果，相对"碎片化"地诠释了对外直接投资影响贸易效应的内在机理，缺乏系统性和研究深度。由此，本书在深入阐释对外直接投资动机的基础上，从对外直接投资或产生出口引致、反向进口、出口替代和进口转移四个维度对其影响机理进行了系统深入描述，为影响因素分析、实证研究以及政策措施制定提供了更为坚实的理论基础。

三是研究方法方面的创新。立足中国实际，结合近十年来中国与东盟经贸合作的实践，对传统的分析国际贸易效应的引力模型进行了补充和拓展，并将影响中国对东盟直接投资贸易效应的政治环境、腐败控制、法律状况及政府效率等因素，纳入实证研究框架，以更加全面刻画其投资环境状况对直接投资贸易效应的影响，提高研究结论的科学性和准确度，为未来精准制定和调整对东盟直接投资政策提供决策参考，为我国企业进一步扩大对东盟直接投资提供理论依据。

2. 存在的不足

一是理论研究方面存在一定难度。迄今为止，关于 OFDI 母国贸易效应的探究尚未形成一致性理论分析框架，其观点多散见于国际投资学、国际贸易学、企业战略管理等相关的理论中，且定性分析和定量研究多，理论探讨少。需要综合运用多学科的理论和方法进行分析探索，这在技术分析上存在较大难度。

二是数据收集方面存在一定难度。宏观国家和中观产业层面的数据收集相对容易，可以通过文献检索、年鉴查询、公报整理以及国际数据主流网站等渠道收集，但企业层面的数据收集比较困难，只能通过问卷调查、专家访谈等办法进行收集，这可能会造成研究结论存在一定的误差，难以全面深刻揭示其内在规律。

第 2 章　文献综述与理论基础

2.1　国内外文献回顾与评述

目前，国内外学术界关于对外直接投资（OFDI）贸易效应的研究，主要从投资与贸易的替代关系、互补关系以及权变关系三个维度作了分析和探讨。

2.1.1　OFDI 与贸易：替代论

关于对外直接投资与对外贸易关系的探讨最早可追溯至蒙代尔（Mundell，1957）提出的"替代模型"，该模型根据赫克歇尔和俄林的"要素禀赋"理论，在假设生产要素能够自由流动的基本前提下，同时假定两国生产函数一致，那么由关税及其变化带来的对外直接投资与贸易之间具有一定的替代关系。以此为出发点，后续研究指出，若关税所导致的对外直接投资无法带动母国比较劣势产业在东道国发展，那么这种投资将会对母国同东道国的贸易形成替代效应。弗农（Vernon，1966）在其生命周期模型中强调，科技革命与产业变革大幅度缩短了产品生命周期，跨国公司通过对外直接投资方式对新的产品、新的工艺以及新的技术进行学习模仿，并充分利用其衍生的创新与扩散效应，国际化程度不断提升，由此对国际贸易的替代效应越发强烈。

与理论研究相呼应，后续探究开始利用实证手段深入阐释对外直接投资与对外贸易间的内在关系。例如，霍斯特（Horst，1972）、伊顿和田村（Eaton & Tamura，1994）基于美日等发达国家数据研究得出，二者之间存在显著替代关系。赫希（Hirsch，1976）从企业跨国经营的成本视角解释了对外直接投资与国际贸易替代关系的抉择。进一步地，巴克利和卡森（Buckley & Casson，1976）将企业跨国经营的成本细分为要素成本、运输成本以及关税成本，研究结果表明，旨在规避和防范东道国各类贸易壁垒的对外直接投资，其与贸易的替代关系更为显著。之后，特别是 20 世纪 80 年代以来，相关对外直接投资（OFDI）与出口贸易之间具有替代关系的研究日渐增多，如贝尔德博斯和斯卢韦根（Belderbos & Sleuwaegen，1988）、戈皮纳特（Gopinath，2000）等相关研究，均得出相似的结论。

随着研究的深入，学者开始从微观视角揭示对外直接投资与对外贸易之间的替代关系。阿德勒和史蒂文（Adler & Steven，1974）采用美国和日本的跨国企业相关数据，运用模型考量对外直接投资与出口贸易关系，发现二者之间存在显著的负相关。赫尔普曼和耶普尔（Helpman & Yeapl，2004）使用 38 个国家及其 52 个产业的相关数据探讨其跨国企业对外直接投资与出口贸易之间的关系，得出二者之间存在"替代性"的结论。而深入至产品生产环节的实证检验亦证实对外直接投资与出口贸易存在替代性（Markusen & Svensson，1985）。与此同时，部分学者尝试从企业异质性角度（Head & Ries，2003；Helpman et al.，2004；Mitze，2010）实证探究其对外直接投资与出口贸易之间的内在关系，类似地得出两者间存在替代关系的论证。以上理论分析和实证检验，对诠释发达国家跨国企业对外直接投资与出口贸易替代问题提供了有力证据。鉴于发展中国家特别是中国企业的对外直接投资活动起步相对较晚，相关的研究成果较少。杨珍增和王捷（2015）研究认为，对外直接投资的贸易替代效应主要产生于水平型 OFDI，而垂直型 OFDI 易形成出口带动作用。但受制于金融发展等因素影响贸易成本的变化，将导致我国企业对外直接投资会替代出口贸易（刘钻石、张娟，2017）。同时，部分学者研究指出，对外直接投资的贸易替代效应存在异质性特征（滕堂伟等，2020），如时间效应，短期内进口和出口的贸易替代效应较为显著，但长期以互补效应为主（王恕立、向姣姣，2014）；动机差异，资源寻求以及效率寻求型 OFDI 具有一定的出口促进作用，但是市场寻求型 OFDI 出现一定的出口抑制作用（闫周府等，2020）。此外，部分学者基于"一带一路"视角探讨 OFDI 与贸易关系的研究成果渐多，如程中海和冯梅（2017）认为，中国企业对欧亚地区 OFDI 具有能源进口替代效应；任志成和朱文博（2018）分样本实证研究发现，中国对"一带一路"沿线 OFDI 会在一定程度上替代对东盟、俄罗斯和印度等经济体出口贸易。

2.1.2 OFDI 与贸易：互补论

继对外直接投资与贸易替代结论研究，学术界关于二者之间存在互补关系的研究逐渐增多。小岛清（Kojima，1978）分析指出，母国以自身比较劣势产业投资东道国与对外贸易存在互补性。部分学者基于美国等国家的研究得出相似结论（Bergsten，1978；付强、朱竹颖，2008）。巴格瓦蒂等（Bhagwati et al.，1987）基于政治经济学视角考察对外直接投资与出口贸易之间的关系指出，东道国贸易壁垒及其相关政策措施会加剧母国对外直接投资行为。与此同时，其他学者利用不同国别的数据检测对外直接投资与出口贸易间的关系，证实两者之间具有显著互补性（Agarwal，1992；Eaton & Tamura，1996；Jeon，2000）。此外，林（Lin，1995）采用中国台湾地区的数据，分析其对东盟直接投资与出口贸易的内在关联后得出，两者之间存在相互促进关系。同样，深入微观层面的分析支持了上述研究结论。利普西和魏斯（Lipsey & Weiss，1981）利用美国跨国企业相关的对外直接投资数据研究得出，如果投资目标国为发展中国家，那么二者之间的互补性更为显著。拉格曼（Rugman，1990）分析指出，OFDI 推动母国出口存在提供销售及售后服务、接近消费者市场以及高效便捷的分销渠道等三种渠道。布雷纳德等（Brainard et al.，1993）分析得到，跨国企业对外直接投资与母国对外贸易之间呈现正相关关系。海德和瑞斯（Head & Ries，2001）、利普西拉姆和斯泰特（Lipsey & Ramstetter，2003）等运用日本跨国企业投资数据检测其与母国出口贸易关系，结果依然支持相互促进论。

伴随对外投资与贸易关系理论的发展演进，部分学者试图从投资动机角度考量对外直接投资与出口贸易之间的内在关联。赫尔普曼和克鲁格曼（Helpman & Krugman，1985）基于东道国要素禀赋及其成本分析指出，在不考虑运输成本的前提下，垂直型对外直接投资与出口贸易之间存在一定的互补性。李（Lee，1994）研究认为，较之市场导向型 OFDI，成本导向型的 OFDI 对母国出口贸易具有一定的互补性。伊顿和田村（Eaton & Tamura，1994）分别采用美国对外直接投资（市场导向型 OFDI）和日本对外直接投资（成本导向型 OFDI）数据定量研究其与出口贸易的关系，为上述研究结论提供了有力支撑。

相对而言，国内相关研究较为滞后，但越来越多的学者开始关注对外直接投资与出口贸易之间的内在关联。例如，王喜平（2007）基于我国 1982 ~ 2003 年对外直接投资与贸易数据实证研究二者关系后发现，对外直接投资与出口贸易之间存在显著的互补性。同时，部分学者运用区域层面的数据也得出相似结论（毛新雅等，2006；张应武，2007）。此外，部分学者研究得出，对外直接投资不仅有利于扩大出口，而且还有助于带动进口（陈传兴、杨雅婷，2009；袁一堂、王潇，2010），但蒋冠宏和蒋殿春（2014）研究强调，中国对外直接投资的出口效应具有国别异质性，对高收入国家的出口带动效应更为显著。毛海欧和刘海云（2019）基于 TII 模型考察中国对"一带一路"沿线 OF-DI 的贸易效应发现，中国 OFDI 显著提高了双边贸易互补程度，但也具有我国对发达经济体下游生产环节布局型垂直 OFDI 较强的出口互补效应（刘海云、毛海欧，2016）。

综上分析和实证研究可知，目前学术界关于对外直接投资与出口贸易间的关系研究主要存在"替代论"和"互补论"两种典型结论。究其异质性结论的主要成因，还在于研究对象多以发达国家为主，且多采用宏观层面的数据。此外，由于研究视角、研究方法、样本选择以及计量模型等方面选取的差异，也会对研究结论产生重要影响，亟待进一步优化调整和补充完善，形成更加科学、规范的研究范式。

2.1.3　OFDI 与贸易：权变论

尽管多数研究表明，对外直接投资与出口贸易之间存在替代或互补关系，但也有学者强调两者间的关系会因投资决策、投资动机、投资时机以及投资阶段等不同表现出巨大差异，并非体现出明确的替代或者互补关系，即具有不确定性特征。

邵军和徐康宁（Jun & Xu，2012）基于 30 个发展中国家对外直接投资与出口贸易相关数据的实证分析发现，二者之间并不具有显著的内在关系。部分研究还指出，伴随时间推移，对外直接投资与出口贸易间的关系可能存在由最初的"替代"转变呈"互补"（Horst，1972；王迎新，2003）。还有研究发现，对外直接投资的贸易效应与投资动机紧密相关或具有投资动机异质性特征，如市场导向型 OFDI 存在一定贸易"替代"效应，生产导向型 OFDI 具有一定的贸易"互补"效应（Gray，1998），而贸易促进型 OFDI 呈现贸易互补效应（Patrie，1979）。此外，基于不同层面产业数据的分析也显示，对外直接投资与出口贸易存在不确定性关系（Svenson，2004）。

国内其他学者在分析对外直接投资与出口贸易关系时也得出相似的结论。例如，王剑（2005）分析认为，我国对外直接投资与出口贸易之间在短期内具有"互补"关系，但在长期内存在一定的"替代"关系。项本武（2009）研究发现，对外直接投资有助于促进东道国出口，但显著抑制了本国出口。周昕和牛蕊（2012）采用拓展的引力模型考量中国对外直接投资的贸易效应，得出二者间既存在替代关系也具有互补关系。究其主要成因，还在于投资的阶段、类型、动机、时机、行业以及国别等的差异（周攀攀、段秀芳，2012）。

综上分析可见，对外直接投资与出口贸易之间的关系主要存在替代论、互补论和不确定论三种观点。产生多元化结论的主要原因在于，学者们研究的对象选取、样本筛选、方法设计以及模型构建等方面的差异所致，有待进一步选取样本深入探究，以期明确中国对外直接投资与出口贸易之间究竟蕴含何种关系，为加快助推全面开放新格局构建提供决策参考。

2.2　理论基础

综上研究表明，对外直接投资与对外贸易之间的关系主要存在替代、互补和不确定性三种观点，本节将按照上述观点分类阐释与之相关的理论。总体来看，蒙代尔（Mundell，1954）的完全替代论、巴克利和卡森（Buckley & Casson，1976）的内部化理论以及邓宁（Duning，1977）的国际生产折衷理论均支持替代论。小岛清（Kojima，1978）的边际产业转移理论以及赫尔普曼和克鲁格曼（Helpman & Krugman，1985）的新贸易理论等支撑互补论。此外，部分理论对阐释不确定论也极具学术价值，主要包括弗农（Vernon，1966）的产品生命周期理论以及马库森和斯文森（Markuson & Svensson，1985）的要素比例模型。以上理论直接或间接地对 OFDI 与对外贸易的关系给予了解释。

2.2.1 OFDI 与贸易替代关系的理论阐释

关于对外直接投资与国际贸易间存在相互替代关系的理论渊源，可从完全替代理论、垄断优势理论、内部化理论以及国际生产折衷理论等多个维度进行深入阐释。

1. 完全替代理论

关于对外直接投资与国际贸易替代关系的理论阐释最早可追溯至萨缪尔森（Samuelson，1949）基于 H－O 模型拓展的 H－O－S 理论。该理论在假定国家或地区存在要素禀赋差异但资本不可流动前提下，国际贸易使得相同产品及同质生产要素的国际价格趋向一致。这一理论从要素异质性视角揭示了贸易自由化程度越高，则生产要素和资本流动性越低。由此可见，资本流动对国际贸易的替代效应蕴含于要素均等化理论之中，但这有悖于国际贸易实际，同时该理论对 OFDI 与国际贸易的关系并未给出明确解释。

针对二者之间关系进行探索阐释的是蒙代尔（Mundell，1957），其在经典著作《国际贸易与要素流动》中，基于 H－O－S 定理，创新提出了 2×2×2 模型，旨在探讨在禁止贸易背景下如何进行对外投资以及在禁止对外投资背景下如何开展对外贸易问题。蒙代尔的投资替代贸易论对二战之前的国际资本流动现象给出了有力解释，但二战后，随着国际资本壁垒不断涌现，特别是投资和贸易双重壁垒凸显，使得对外直接投资的贸易效应逐渐降低，一国开展对外直接投资与否，取决于对外直接投资与对外贸易两者成本和收益的比较。该模型基于关税引致的市场导向型 OFDI，并假定对外直接投资贸易效应产生前提是 OFDI 存在比较成本优势，意味着进口国征收关税并不会导致国内对商品需求的降低，也即征税商品属于缺乏弹性的商品，这与现实不符。实践中，绝大多数商品贸易均是富有弹性的商品，且关税造成国内产品价格提高，出口商不会因此而提高产品出口价格，相反会维持原出口价格，导致经营成本增加而福利降低。从两国福利视角看，出口国对东道国的投资并未带动两国商品贸易量，实质是东道国通过吸收资本密集型国家的投资增加国内生产以替代进口。由此可见，贸易壁垒（出口关税）驱动了母国对外直接投资，但并非直接原因。

2. 垄断优势理论

传统的、以要素禀赋差异主导的国际贸易理论对国际资本流动现象进行了部分解释。20世纪80年代以来，伴随跨国公司不断涌现，由其推动，使得国与国之间的要素资源价格的差异逐渐缩小，要素禀赋相似国家间的同质产品间贸易日益增多，对要素禀赋差异主导的OFDI问题提出新的挑战。格鲁贝尔（Grubel，1970）对此给予了重视，并指出除了要素禀赋差异因素外，诸如垄断形成的成本差异、国家经济增长率差异等因素也会推动对外直接投资。基于此，金德尔伯格（Kindleberger，1969）和海默（Hymer，1970）将跨国公司因素纳入OFDI动因范畴。金德尔伯格认为，在完全竞争市场条件下，且不存在贸易壁垒、外部经济及信息成本等约束，国际贸易才是一国和地区参与国际分工的有效形式，对外直接投资互动不会出现；相反，这些制约因素驱动了对外直接投资发展。海默认为，跨国公司开展对外直接投资是为满足自身战略的需要。这一开创性分析，不仅拓展了传统的阐释对外直接投资的影响因素，更为后续研究奠定了理论基石，尽管该理论并未触及OFDI与国际贸易之间的替代关系。

3. 内部化理论

对外直接投资和出口贸易是企业国际化的重要形式，两者存在相互替代的可能性。对此，巴克利和卡森（Buckley & Casson，1976）从微观视角进行了分析探讨，并提出内部化理论予以解读，拉格曼（Rugman，2003）对此理论作了补充和拓展。该理论强调，跨国投资不是简单的资本转移，而是建立在所有权优势上的企业经营管理与控制权的扩张，借助企业管理机制低成本地协调企业生产并实现资源最优配置，以克服外部市场的不完全获取内部化收益，跨国公司由此诞生。其核心思想是，跨国公司通过审慎平衡市场交易成本与企业内部化收益，最终决定开展对外直接投资或出口贸易。由此可以看出，内部化理论旨在诠释具备所有权优势的企业如何借此优势在全球范围扩张以及有效化配置资源。

这一理论对二战后的国际资本流动给予了部分合理解释，并探讨了对外直接投资产生的条件，较之蒙代尔的投资贸易替代模型更具一般性，对于解释发达国家和发展中国家的OFDI行为具有较强解释力。但关于OFDI区位选择、行业流向等问题缺乏解释力。

4. 国际生产折衷理论

邓宁（1977，1980，1988）在综合现有研究成果的基础上提出国际生产折衷理论，即 OIL 模式。根据该理论，当跨国公司拥有以下三种优势时可以进行对外直接投资：一是所有权优势，即企业内部化的资产。这些特定优势可能源于企业的自身创造，如技术优势、专有知识、组织管理以及人力资本等，也可以从外部购得，但要获得使用权。这些所有权资产可能具有知识产权、规模经济、范围经济等特点，或拥有知识、技术等方面的优势。二是内部化优势，所有权优势要植根于企业生产经营的内部化，而非通过转让、出售或许可等形式为其他公司使用。企业进行内部化的目的旨在降低市场风险及不确定性，以节约交易成本并提高企业效率和获得规模经济。三是区位优势，这些特定的区位优势要能保证比国内市场及其他境外市场获得更高的利润，且这些区位专有要素是不可流转的，并无歧视地对所有国家的企业开放。这些区位优势主要包括如自然资源、劳动成本、税收优惠、市场规模、政府政策、生产专业化及集中度等便利条件。邓宁认为，这些特定优势决定了企业应开展对外直接投资而非其他的国际经营活动。该理论不仅详细解释了资源导向型 OFDI、市场导向型 OFDI 和效率导向型 OFDI，且对战略资产导向型 OFDI 也给出了合理解读。基于此，邓宁等（2008）在一个综合框架内，总结了四种不同动机下投资类型所对应的三大优势，以及相适应的战略目标和适宜的行业（见表 2 – 1）。国际生产折衷理论以国家经济利益为出发点，给跨国企业通过何种方式参与国际竞争指明了方向。

表 2 – 1　　　　　　　　　　OIL 框架与投资动机

投资动机	所有权优势	内部化优势	区位优势	战略目标	行业分布
资源导向型 OFDI	资本、技术、市场准入、互补资产及议价能力	确保在合理价格水平上稳定供应，控制市场	资源禀赋状况，交通基础设施，税收优惠及其他激励	获取使用资源的特权或优先权	能源、矿产品；农产品；出口加工业；劳动密集型产品
市场导向型 OFDI	资本，技术，信息，管理和组织技能，研发能力，规模经济产生品牌忠诚度	降低交易成本、信息成本，买方不确定性，保护产权	市场规模和特点；政府政策，如管制，进口控制，投资激励等	保护既有市场，反击竞争者，阻止竞争者或潜在竞争者进入新市场	计算机，医药，汽车，香烟，加工食品，航空，金融服务

续表

投资动机	所有权优势	内部化优势	区位优势	战略目标	行业分布
效率导向型 OFDI	涵盖上述优势，范围经济，地理分散与集聚，中间投入的国际采购	垂直一体化与水平多元化经济	产业集聚和专业化；东道国对本地生产的鼓励，有利的营商环境	通过区域或全球范围的合理化生产，获取专业化生产利益	汽车，电子器具，家电，纺织服装，医药，商业服务，研发
战略资产导向型 OFDI	能配合既有资产的上述优势	共同治理经济，调适竞争优势与战略优势，防范与规避风险	能够提供企业缺乏的技术、组织及其他资产的上述优势	强化全球创新能力和生产竞争力，获取新产品和新市场	技术与知识密集型产业

资料来源：何帆等. 中国对外投资：理论与问题 [M]. 上海：上海财经大学出版社，2013.

相对其他国际直接投资理论，邓宁对跨国公司在对外直接投资、出口贸易以及许可证贸易三种模式之间的抉择进行了诠释，同时就具有三大垄断优势所引致的市场导向型、效率导向型及资源导向型 OFDI 的成因给予了解读，因而被冠以国际直接投资"通论"，这标志着西方主流直接投资理论的形成。值得注意的是，尽管该理论对跨国直接投资活动给出了相对完备的解释，但也存在不足之处：一是尚未对跨国企业所具备的所有权优势和内部化优势与东道国的区位优势之间的关系给出清晰具体说明；二是该理论主要聚焦企业战略微观视角，对母国及东道国宏观因素等层面的考虑不足；三是该理论认为企业通过OFDI 参与国际分工合作必须具备上述三种优势，但实践中很多企业特别是发展中国家企业开展跨国直接投资并不具备这些优势。总体来看，国际生产折衷理论为企业借助 OFDI 参与国际分工合作提供了理论支撑，也为学者们深入探究国际直接投资动机提供了重要参考。

2.2.2　OFDI 与贸易互补关系的理论阐释

经济全球化深化叠加跨国企业快速发展，导致生产要素跨国流动加速，使得不同国家之间要素禀赋及其组合不断调整优化。在不断放松蒙代尔模型前提假设的条件下，存在对外直接投资与国际贸易间替代关系或可能转化为互补关系，这一转变可以从比较优势变动、边际产业转移、新贸易理论以及产业网络等理论视角予以阐释。

1. 比较优势理论

借鉴李嘉图提出的比较优势理论，可以解释由于资本、劳动等要素异质而产生的资本跨国流动现象。该理论强调，由于生产要素存在国家和区域差异性，使得其边际收益在不同国家的异质性，发达国家资本和技术等要素禀赋富裕，发展中国家资源和劳动力等要素资源禀赋丰富。经济全球化加速推动了资本在全球范围自由流动，由于其边际收益差异促使过剩资本由发达国家输入发展中国家。基于此，两国贸易也将伴随资本流动而增加，对外直接投资与贸易之间表现出互补关系。比较优势理论从国家要素收益异质性视角，部分解释了因资本跨国流动所引致的贸易增加现象，为探讨 OFDI 与贸易互补性提供了理论基础。

2. 边际产业转移理论

根据蒙代尔提出的投资与贸易替代模型，普维斯（Purvis，1972）在放宽两国贸易生产函数相同假设条件下，得出 OFDI 与贸易之间具有互补关系结论。以此为基础，小岛清（Kojima，1978）研究提出边际产业转移理论，以揭示投资与贸易之间的内在关系。小岛清根据 20 世纪 70 年代中后期日本跨国企业 OFDI 的特点，并结合比较优势思想创新提出该理论。尽管小岛清的理论来自 H－O－S 的理论分析框架，其重要贡献在于放松了蒙代尔提出的生产函数"同质性"假设，指出企业在进行对外直接投资时不仅是资本的跨国流动，还涉及技术、管理及营销等无形资产的捆绑式转移。这一理论成功解释了 20 世纪 60~70 年代日本跨国企业的跨国投资活动，同时提出了对外直接投资需遵循的逻辑：应从母国已处于或即将处于"比较劣势"的产业开始，依次开展对外直接投资。边际产业理论将 OFDI 和贸易置于统一的国际分工理论分析框架下，以动态比较优势学说为基础，分析了对外直接投资的产业选择原则，为深入探讨 OFDI 与国际贸易互补性提供了新的理论视角。同时，还指出技术差距越小越有助于促进投资与贸易互补。但其局限性在于，对 20 世纪 80 年代以后日本对美国、欧盟等发达经济体的对外直接投资现象难以给出充分的解释。

3. 新贸易理论

国际经济环境变化使得跨国企业经营战略不断调整和优化，传统的国际直接投资理论在解释跨国企业行为动机方面存在明显的不足。赫尔普曼（Helpman，1984）、赫尔普曼和克鲁格曼（Helpman & Krugman，1985）等学者创新提出新贸易理论予以阐释。该理论以传统贸易理论为基础，将规模经济、产品异质等因素引入理论分析框架，以试图诠释 OFDI 与贸易之间的内在关系。由于国家之间存在要素禀赋差异，使得跨国公司按照要素丰裕度差异将产品生产的不同环节在不同国家分配，以实现利润最大化。如果两国之间的要素禀赋差异不大，那么跨国公司将会把全链条生产均置于国内，在出口某产品的同时进口部分相同的产品。相反，如果两国之间的要素禀赋差异相对较大，跨国公司将依据要素禀赋差异在全球范围内布局整个生产链条，形成"纵向一体化"投资。由此，母国将专注具有比较优势异质性产品的生产并出口，而进口其存在比较劣势的同质产品，双边贸易得以不断扩大，也即跨国企业纵向一体化战略增加了两国贸易总量和规模。

新贸易理论打破了传统的对外直接投资理论假设，将 OFDI 理论和国际贸易相互融合，并将产品异质、企业战略及规模报酬等多维因素纳入分析框架，对二者的关系给予了新的有力解释。

4. 产业网络理论

这一理论主要基于产业组织视角刻画 OFDI 与国际贸易的关系，强调一切经济与非经济事物的关联都是建立于"网络联系"基础之上。企业可以看成网络链接的关键节点，国际化经营是企业与外部经济联系跨越国界的拓展，通过整合国内与国际要素资源，提升企业动态能力和国际竞争力，这种能力与企业跨国经营的紧密度呈正相关。基于此逻辑，约翰森和马特森（Johanson & Mattson，1988）将这一思想运用于解释 OFDI 与国际贸易的关系，认为在产业网络基本前提下，一国与其他国家建立的"联系"将推动 OFDI 和对外贸易，并表现出互补关系。遗憾的是，该理论并未对二者形成互补关系的成因予以明确。

2.2.3 OFDI 与贸易权变关系的理论阐释

1. 产品生命周期理论

美国经济学家弗农（1966）在其《产品周期中的国际投资与国际贸易》一文中提出了产品生命周期理论。他观测到在产品全部生命周期中，生产所需要素会出现变动，故而在新产品生产中能够观测到一个周期，即产品创新阶段、产品成熟阶段以及产品标准化阶段构成的产品生命周期。出现这种周期的原因在于各国技术进步的差距。事实上，这一思想源于波斯纳（Posner，1961）的技术差距理论。弗农以此理论来分析跨国公司的对外直接投资问题。他认为，发达国家利用对外直接投资将部分比较劣势产业转移至国外，与本国企业所生产产品的生命周期密切相关。弗农指出，伴随技术等外在条件以及产品比较优势的动态变化，老产品或产业将在本国市场失去竞争优势，但相对其他国家可能具有比较优势。企业通过跨境直接投资，其目的旨在将这些处于或即将处于比较劣势的产业转移至国外，以延长产品的比较优势进而占据海外市场。该理论表达了这样的思想：企业的对外直接投资是产品生命周期运动的外在体现。

将产品生命周期理论利用图 2 – 1 描述。在 t_0 时刻，新产品由创新国家研制而成。由于该阶段的产品技术尚需创新提升，生产基地分布在国内，且生产规模较小，消费也集中在国内，但到了 t_1 时刻，开始出现小额国外需求。随着时间推移，产品进口国家通过学习和模仿能够在本国自行生产，并替代部分进口，产品进入成熟阶段（$t_2 t_4$），此时创新国的生产成本开始增加，市场对产品的需求也在增加，先发企业为延长产品生命周期及巩固并扩大市场份额，开始借助对外直接投资形式将生产转移至境外，以阻止竞争者进入。进入 t_4 阶段后生产技术趋于成熟，产品达到标准化阶段，由技术密集型转化为资本密集型，到达 t_5 时刻，产品开始变成非熟练劳动生产。产品和技术的标准化让先发企业失去比较优势，节约成本为企业之关键，此时通过对外直接投资将生产基地转移至劳动密集型国家，并从国外进口该产品，而企业将再次步入新的研发和生产中。

产品生命周期理论创新性地将 OFDI 与国际贸易相结合，间接解释了企业跨国直接投资的区位选择议题，并得到 OFDI 与对外贸易因产品周期性变动而呈现出不同关系的结论，弥补了传统跨国投资理论忽视区位选择的问题。与此同时，将动态比较优势纳入理论分析框架，对 OFDI 与国际贸易关系进行了全新解读。但在经济全球化快速发展与科技创新日新月异背景下，国与国之间的技术差距不断缩小，同时由于跨国企业网络内贸易盛行，该理论对企业跨国投资的区位选择问题解释力减弱。此外，该理论对部分发展中国家对发达国家的"逆向"FDI 行为难以解释，且对日本与欧盟等发达国家（地区）对美国的直接投资活动也缺乏有力解释。

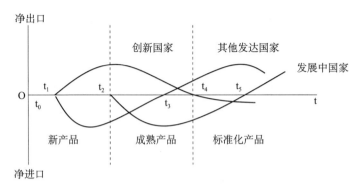

图 2 – 1　产品生命周期理论

2. 要素比例模型

基于蒙代尔的替代模型，马库森（Markuson，1983）、斯文森（Svensson，1985）等学者们放松了相关要素比例异质但其余要素相同基本假设，从生产要素维度对 OFDI 与国际贸易的关系进行诠释。研究指出，由于国际市场上既存在产品贸易也存在要素贸易，那么在两国充分就业与存在规模报酬不变的前提假设下，OFDI 与国际贸易之间的关系取决于贸易要素与非贸易要素的合作关系。基于此，他们将资本归为贸易要素，而劳动和土地等归为非贸易要素，由此得出：当两类要素表现为合作关系时，OFDI 与贸易表现为互补关系；反之，二者之间则呈现替代关系。为强化该理论的解释力，马库森（Markuson，2002）构建了知识资本模型。该模型首先将生产要素划分为一般劳动力和专技劳动力两大类，并综合了垂直型 OFDI 和水平型 OFDI 两种模式，从企业投资动机异质性维度阐释 OFDI 与对外贸易的内在关系，由此得出结论：当企业跨国投资为垂直型 OFDI 时，将导致跨国企业在全球的内部贸易，属于贸易互补；反之，则隶属于贸易替代。基于上述研究，尼里（Neary，1994）通过构建更复杂的模型探究二者内在关系，发现随着模型假设条件变化，OFDI 与国际贸易之间的关系呈现动态变化。

2.3　本章小结

聚焦于对外直接投资与国际贸易之间关系的理论探索研究主要存在替代

论、互补论和不确定论三种观点。以上理论分析从宏观至微观视角对其分析阐释，都从某些角度给出了部分合理解释，但也存在一定历史局限性。整体来看，聚焦 OFDI 和国际贸易关系的理论解读多以发达国家跨国企业直接投资为主，并重点研究发达国家对发展中国家的"顺向"直接投资，但对于二战后不断涌现的部分发展中国家对发达国家的"逆向"直接投资解释力不足。伴随新兴经济体群体性崛起及其转型发展，特别是处于新常态的中国，如何利用对外直接投资带动对外贸易以及通过对外贸易推动对外直接投资发展，对于提升其在国际分工体系的地位和世界经济中的作用意义重大，对加快构建"以国内大循环为主体、国内国际双循环相互促进"的新发展格局，进而带动中国开放型经济迈向更高层次水平意义重大。

第3章 对外直接投资贸易效应的理论机制

理论分析表明，对外直接投资既具有贸易替代效应（蒙代尔，1954），也蕴含着贸易创造效应（小岛清，1966），这为研究对外直接投资的贸易效应提供了理论依据。据此，在深入探讨 OFDI 的母国贸易效应之前，首先应搞清两大关键变量发生联系的内在机理。国内外相关研究多从母国视角考察 OFDI 对母国的贸易效应。颇具代表性的研究，如英国学者尼尔·胡德和斯蒂芬·扬（1990）等将 OFDI 的贸易效应划分为贸易替代与贸易创造效应两类。李东阳（2002）研究指出，关于对外直接投资的贸易效应可分为出口引致效应、反向进口效应、进口转移效应以及出口替代效应四种主要类型。此外，部分学者基于东道国视角，将对外直接投资的贸易效应划分为直接效应与间接效应（凯夫斯，1971），或将其概述为贸易替代、贸易创造、贸易补充以及市场扩张等类型（刘恩专，1999）。整体而言，绝大多数关于 OFDI 贸易效应的研究结论，都涉及贸易替代和贸易创造两个效应。同时，根据本书议题，并充分结合中国企业对外直接投资动机，基于母国视角重点从出口引致、反向进口、出口替代和进口转移四个维度诠释 OFDI 的贸易效应。其中，出口引致和反向进口效应可归入贸易创造范畴，出口替代和进口转移效应可归属于贸易替代范畴。基于此，本章在解读 OFDI 动机的基础上，重点从以上四个方面对 OFDI 影响进出口贸易的机理进行深入研究。

3.1 跨国企业 OFDI 动机发展与演变轨迹

对外直接投资活动属于企业行为。在探索对外直接投资与进出口贸易的内在关联问题上，应深入企业投资动机抉择的考察上，而非仅仅停留在对投资活动的浅层化分析。企业生存和发展的目的是实现利润最大化，不同企业在争夺利益蛋糕的过程中，出现了以直接投资进行逐利的经济活动。在特定情形下，诸多企业集中从事类似投资，进而带动了贸易发展及结构升级。从这个视角看，归纳总结企业对外直接投资的动因，并以此为基础追踪投资对贸易发展的影响，是进一步厘清 OFDI 贸易效应的基本前提。

关于对外直接投资选择的动因复杂多变，学术界对其总结梳理的视角多样，这里将遵循对外直接投资理论发展与演变的基本脉络给予概述，主要涉及海默垄断优势论的规模经济驱动、巴克利的内部化成本节约推动、弗农生命周期论的演进带动、托兰惕若技术创新产业升级的溢出效应拉动以及小岛的边际产业扩张的刺激等方面，进而探讨驱使企业通过 OFDI 方式将生产和制造等经济活动转移至境外，以获取更加廉价的要素和资源，并利用当地优越的政策和市场等便利条件，整合生产流程工艺、节约生产经营成本，实现利润最大化的动机。在综合既有研究成果的基础上，邓宁（1998）从投资动因出发，将企业的对外直接投资分解为四种主要类型，即资源导向型 OFDI、市场导向型 OFDI、效率导向型 OFDI 以及战略资产导向型 OFDI，该划分法得到学术界的一致认同（张宏等，2019）。沿着该思路并结合先发国家投资的实践，深入探究对外直接投资互动对母国对外贸易的影响（房裕，2015）。

3.1.1　资源导向型 OFDI

资源导向型 OFDI 始于 19 世纪末，先发国家企业为获取廉价的生产要素和资源，在资源丰裕度较高的国家或地区设立子公司或生产基地，以充分利用当地优越的资源条件。这与先发国家的经济发展阶段相对应，如英国、美国等发达国家在工业化早期以及重工业化阶段，由于自然资源贫乏不足以支撑工业化发展，以借助 OFDI 在全球范围获取国际化的资源。

对资源导向型 OFDI 的演进史，可以概述为四个阶段（刘宏杰、马如静，2008）：（1）形成期（1914 年以前）。英国是这阶段资源导向型 OFDI 的主导。1870 年，英国在拉美国家投资 8500 万英镑，拥有 23 家石油公司；1885 年，在缅甸建立缅甸石油公司，1899 年又成立阿萨姆石油公司，至此缅甸的石油全部掌控在英国手中；英国在印度资源投资倾向煤炭、石油和锰矿，截至

1910 年，英国在印度累计投资 4.5 亿英镑（矿山和石油占 1.8%）（宋则行、樊亢，1993）；1913～1914 年，英国掌控了巴士拉省和伊朗南部的石油开发权，并与德国合资共同开采摩苏尔和巴格达的石油，英国占据公司 75% 的股权；1911 年，英荷皇家壳牌公司收购土耳其石油公司 25% 的股份；1912 年，在美国建立洛克萨那石油公司。这些国家或地区资源禀赋较好，但缺少经济发展所需的资本，进而为垄断资本控制和掠夺资源提供机会。（2）扩张期（1914～1945 年）。英、美是该阶段的主体。1937 年，发达国家在亚洲掌控了近 20 种矿产开发权，英、美、法和荷兰控制的石油产量为 2501 万吨（98.6%）、天然气为 9.64 亿立方米（94.8%）（宋则行、樊亢，1995）。在拉美和非洲，1929～1937 年，英孚石油公司的石油开采量从 26.7 万吨攀升至 65.4 万吨，几乎垄断了埃及全部的石油开采。1937 年，美、英、荷兰三国公司则分别垄断了拉美石油开采的 54.4%、19.6% 和 20.3%，以及天然气开采的 47.1%、17% 和 24.6%。标准石油公司分别在 1920 年、1924 年取得秘鲁和哥伦比亚的石油控股权；1921 年，在委内瑞拉成立分公司并于 1928 年收购力奥尔石油公司。此阶段，投资主体和区域都在不断扩大，行业选择也从石油、煤炭延伸至天然气行业。（3）调整期（1946～1980 年）。美国、英国与荷兰是投资主体。20 世纪 50 年代，英国的年均投资为 1.8 亿英镑；60 年代初至 1974 年，英国对发展中国家的直接投资中，制造业比重从 40% 提升至 70%，采掘业比重则从 25% 降至 19%；1974 年，联邦德国对发展中国家的投资中，制造业占 60%，采掘业仅为 10%；1950 年，美国的直接投资中，矿业和石油业占 38.3%，到了 1960 年，两项占比降至 32%；日本在发展中国家或地区的采掘业直接投资在 1970 年之后呈下降走势（肖卫国，2002）。马文秀（2007）认为，1972～1974 年，日本在东亚以及东南亚等地的直接投资，其目的旨在获取自然资源，以化解国内资源匮乏的危机。之后，发展中国家开始守护资源，并采取了诸多的限制性措施。（4）适应期（1981 年至今）。跨国公司崭露头角，成为对外投资的主体。这一时期，因直接投资管制和行业限制放宽，通过跨国并购、强强联合、纵向一体化以及战略驱动等手段掌控了世界石油生产的绝大部分（胡涛，2001）。如 2002 年，埃克森美孚石油公司的油气上游产业遍布全球 29 个国家及地区，其旗下 70% 的石油储备和 77% 的天然气储备均来自境外（温青山，2004）。

综上可见，资源导向型 OFDI 的历史演绎表明：工业化初期和重工业化期，在资源稀缺的条件下，发达国家为支撑和推进本国工业化，所实施对外直接投资的主要动机在于获取稀缺资源，也即资源导向型 OFDI 占据主导（鲍静海、韩小蕊，2021）。当前，中国正处在重工业化关键期，经济发展对资源的需求节节攀升。因此，以中石油、中石化和中海油等代表的石油企业可借鉴发达国家经验，通过资源导向型 OFDI 方式走出去，以获取国际化的廉价优质资源，为经济发展提供能源支持和保障。

东盟十国蕴藏着丰富的石油、天然气、矿产和煤炭等能源和资源，其中，石油资源主要分布在印度尼西亚、文莱及越南等国家；天然气主要分布在印度尼西亚、文莱及马来西亚等国家；煤炭主要集中于越南，典型如鸿基煤矿；锡矿多分布于泰国和印度尼西亚；铜矿等以菲律宾储蓄最为集中。但由于东盟国家石油等资源开采程度普遍不高，且受资金、技术等条件限制，难以有效开采开发。积极利用外资带来的先进技术、丰裕资金等能够缓解东盟资源开发短板，为此，老挝、缅甸和柬埔寨等国制定了各种外资吸引政策，意在助力资源开采。因此，中国企业可以依托自身技术、资金等比较优势，到东盟国家进行资源寻求型对外直接投资，以缓解我国能源供给短缺的压力，同时助推东道国提高资源开采开发能力和水平。

3.1.2　市场导向型 OFDI

跨国企业为开拓、巩固、抢占或有效利用东道国市场，往往会将生产和加工制造等环节或车间转移至境外（贾妮莎等，2019）。一方面，可以绕开贸易壁垒、节约运输成本以及生产经营成本等；另一方面，也能及时密切与国际市场的联系，观察竞争对手的市场化战略变动等，以开拓与市场新需求相适配的新产品、新业务及新工艺等，根据消费需求的变化进行灵活性生产。因此，规避贸易壁垒和开拓新市场是这类投资的典型特征。

观察二战后日本对外直接的历史演进可清晰发现：规避贸易壁垒是其对外直接投资的关键所在。20 世纪 50 年代，日美在纺织品领域贸易摩擦频发，日本就将 OFDI 作为缓解摩擦的手段，但受资本数量限制，对外投资量很少。70 年代之后，日美贸易摩擦愈演愈烈，日本通过大规模对外直接投资措施来化解贸易摩擦压力，并掀起三次对外投资高潮。具体地，结合彩电业和汽车业案例来考察日本对外直接投资的动机。日美彩电贸易摩擦 1976 年达到高峰，此时恰逢美国建国 200 周年和总统大选，居民对彩电的需求暴涨，日本彩电出口达 296 万台，较 1975 年增加了 2 倍多。美国对此作出剧烈反应，并依据 1974 年通商法 201 条款（紧急进口限制条款）对日本彩电提出申诉。1977 年，裁定日本"疾风暴雨式"的出口打击了美国彩电行业，双方签署"日美彩电协定"。从 1977 年 7 月起的 3 年内，日本对美国的年出口控制在 175 万台，其中，制成品 156 万台，半制成品 19 万台。鉴于此，为规避贸易摩擦并争取美国市场份额，日本彩电企业纷纷在美国本土进行直接投资。1978～1979 年，日本在美国的彩电产量超越国内的出口量，这表明彩电协定未到试用期就失效，双边摩擦走向终结。日美汽车行业摩擦也是如此。20 世纪 70 年代后期，日本对美国汽车出口逐年攀升，1978 年 152 万辆，到了 1980 年增至 192 万辆，占美国市场的 20%。但此时，恰遇美国汽车业萧条期，1977 年始产量逐年下滑，失业率急剧攀升，日美汽车及零部件贸易摩擦爆发。为绕开贸易壁垒，1982 年日本开始实施 OFDI 战略，如丰田、本田和日产等企业相继在美国建厂。产量从 1983 年的 6 万台逐年递增，到 1990 年已达 149 万台。在美国本土生产的剧增，使 1987 年后日本对美国的汽车出口量骤减，OFDI 的贸易替代效应凸显（张相伟、龙小宁，2018）。日本通过直接投资将彩电、汽车等成品及零部件生产输出境外，有效规避了贸易纠纷和摩擦（原正行，1995）。

市场开拓型直接投资源于美国。20 世纪 50 年代，为扩大海外市场，美国以制造业为主导进军加拿大和欧洲市场。如在欧洲市场，截至 1963 年，美国企业占据法国缝纫机市场的 70%，电子产品的 43%，电冰箱的 25%；占英国小轿车市场的 50% 以上，电脑的 40% 以上；截至 1967 年，美国企业控制了加拿大汽车工业的 90%，橡胶工业的 83%，天然气和石油工业的 82% 以及化学工业的 59%（陈继勇，1993）。韩国市场导向型 OFDI 则集中体现为两方面：（1）市场开拓。韩国市场狭小，经济发展外部依赖度高。开辟境外市场是韩国直接投资的主要动机。据统计，在华韩企利用原材料的 60% 来自本国进口，这为韩国原料输出提供了新市场（李锴，1999）。（2）市场转移。随着经济稳步发展，韩国产业结构迈入优化调整和转型升级的发展阶段（姜虹，2002）。国内市场范围狭小的限制促使韩国将本国处于或即将处于比较劣势的产业输出境外，以重塑发展竞争优势并获取利润，如韩国在中国以及东南亚等国建立多家鞋厂。资料显示，韩国在朝鲜的鞋厂其生产成本初期仅为国内的 25%，之后的成本更减少 52% 以上（张慧智，2009）。

东盟国家有约 6 亿人口，市场容量巨大，前景十分广阔。东盟自由贸易区建立后，各成员国单个市场逐渐演变成为一体化区域性市场。中国与东盟自贸区建成后，双边互惠贸易政策不断加码，中国依靠自身产品竞争力由对东盟"贸易逆差国"转变为"贸易顺差国"，且贸易顺差呈持续扩张态势，加剧了东盟各国对中国贸易的担忧，尝试采取贸易抵制行为（赵静、于豪谅，2017）。中国海关统计数据显示，2019 年中国与东盟十国的贸易中，中国出口东盟规模高达 3594.2 亿美元，从东盟进口规模为 2820.4 亿美元，顺差为 773.8 亿美元，较上年增长了 34.6%。其中，贸易顺差排名前三的国家依次为越南、菲律宾与新加坡。

3.1.3　效率导向型 OFDI

效率导向型 OFDI 是指跨国企业以提升生产效率为目的的境外直接投资。依靠全球化的资源和专业分工，在世界范围内重组生产及销售以实现规模经济、范围经济或协同效应。这得益于东道国廉价的要素资源、较低的投融资成本等便利带来的成本节约，进而有利于企业生产效率提升（王碧珺等，2018）。

20 世纪 60 年代，美国为应对国内劳动力价格不断攀升的巨大压力，陆续将劳动密集型劣势产业转移至发展中国家或地区。如半导体工业，自 1961 年费尔柴尔德公司在中国香港建立首家半导体子公司后，诸多企业竞相模仿，分别在中国台湾、韩国、墨西哥以及印度尼西亚等国（地区）设立分厂。截至 70 年代末期，美国半导体工业品中 50% 以上来自海外分厂制造。此外，根据美国纺织厂商联合会提供的美国纺织和服装业资料显示，1996 年美国人均劳动力成本为 11.89 美元/小时，中国为 0.48 美元/小时、印度为 0.58 美元/小时、墨西哥为 3.40 美元/小时，这些国家自然成为美国纺织和服装业转移的选择对象。

日本也是较早推行效率导向型 OFDI 的国家之一。1950 年以来，伴随日本经济迅猛增长和产业高级化，适应于产业发展和企业竞争力的 OFDI 也产生了相应变化，突出反映是 OFDI 动机的变动。二战后，日本经济大致经历四个发展阶段：（1）恢复阶段（1945～1955 年）。致力于经济复苏需要，国内对资金的需求大且存在管制，对外直接投资数量极少。（2）高增长阶段（1956～1972 年）。日本"大工业生产模式"对能源和资源的需求剧增，但国内的生产成本日益抬升，低成本生产在日本步履维艰，边际产业（成熟化产业）形成，致使中小企业和部分劳动密集型产业（如纤维业）输出至亚洲等发展中国家或地区。1960 年开始，又陆续将纺织、玩具、服装以及家电等产业转向韩国及中国台湾和香港等地（铃木惠一，1995）。第一次石油危机后，大工业生产模式面临资源和能源挑战，高经济增长就此宣告结束。1970 年之前形成的以原材料为主导的制造业，如钢铁、石油化工以及造船业等产业逐渐沦为边际产业，为追求低成本和高效率，日本将这些产业转移至海外（郭思琪，2000）。（3）泡沫阶段（1986～1990 年）。日本经济经历新的扩张后，外部需求旺盛和对经济前景的过分乐观，导致日本经济走向泡沫化。但伴随日元升值，高地价、高工资以及高基础设施费用，导致国内生产经营成本大幅提升，故将制造业、造船业以及家电业等行业转向亚洲其他地区（李国平、田边裕，2003）。（4）衰退阶段（1991 年以来）。进入 20 世纪 90 年代后，日本经济步入 10 年衰退期。此外，国内还遭遇产业空心化、生育率下降和老龄化以及失业率上升等问题，而产业结构也发生重大调整（特别是制造业），大部分传统产业渐失比较优势，但朝阳产业（如生物技术、电子信息）尚不具备竞争优势，这迫使日本不得不加大国际化步伐。同时，为节省整体成本并顺应全球化要求，构建国际化生产和营销网络成为投资主要动机（蒋序怀，2005）。

采取效率导向型 OFDI，美国、日本等国逐渐将失去或即将失去比较优势的传统产业转移至海外，开始发展资本和技术密集型产业，使母国产业结构得以调整优化和转型升级（廖庆梅、刘海云，2018）。近年来，伴随中国经济快速发展，我国劳动力工资、土地价格等不断上升，内资企业生产成本逐步增加，比较竞争优势日渐衰弱。然而，东盟部分国家，如越南、老挝、泰国和缅甸等国目前正处于劳动密集型行业提质发展旺盛期，相较于中国，存在明显的劳动力价格低廉比较优势。因此，中国企业可以将在国内已存在比较劣势的家电制造、纺织业等劳动密集型产业转移至东盟国家，利用其相对低廉的劳动力成本优势安排生产，以降低成本优势，提高生产率，延长传统的劳动密集型产品的生命周期，同时推动东道国产业发展（李书彦、谭晶荣，2020）。此外，东盟部分国家也不乏实力雄厚的跨国企业，集聚了大量优秀技术人才，例如，新加坡诸多跨国企业具备优良的经营管理能力和先进的技术水平，值得中国跨国公司学习、模仿和借鉴，有助于提高母国企业经营管理水平，这对提升其生产效率大有裨益。

3.1.4　战略资产导向型 OFDI

传统型 OFDI 是跨国公司为获取国际化的廉价优质要素和资源、占据更大市场或提高生产效率而实施的境外投资行为。与之不同，战略资产导向型 OF-DI 是跨国公司为获取技术、管理以及营销等存在价值增值功能的战略性资产，以构建或提高企业新的独特优势，因此是创造资源与能力类型的境外投资行为（UNCTAD，2006；Duning & Lundan，2008）。在战略性资产中，技术特别是核心技术最为关键，获取战略性资产控制权促成该类型的直接投资（桑百川，2019）。

这种类型的投资多以大型跨国企业为主导，形式则集中体现为跨国兼并、收购以及海外研究和开发。如韩国 20 世纪 90 年代以来，现代、三星和 LG 等企业为模仿学习并获取先进技术和专利，在美国花费数十亿美元开展并购和研发活动，进而获得在通信、计算机、半导体以及高清晰电视等领域的高技术水平。如韩国三星电子公司于 1995 年 3 月对外宣布，收购世界个人电脑排名第六的美国 AST 研究公司 40.75% 的股份，不仅获得了该公司所拥有的 190 项专利的使用权，还让该公司稳坐全球第五大个人电脑制造商的位置（丁详生、张岩贵，2007）。联合国会议（UNCTAD）1997 年的数据显示，1985～1995年，55%～60%的直接投资是以并购方式实现的。这些并购多集中在日本、欧洲和美国，且集中偏向于信息和知识密集型部门或行业。科古特和常（Kogut & Chang，1991）在考察日本企业对美国直接投资的过程中发现，日本企业更偏好与美国企业合资以获取美国的先进技术（Kogut，1991）。此外，常（Chang，1995）还观察到，日本的电子制造企业是按既定步骤进军美国市场的，其主要目的是获得能力的发展和提升。阿尔梅达（Almeida，1996）在分析美国半导体行业的专利引用时指出，流入美国半导体行业的海外企业较国内企业更偏好引用当地的专利，表明外企 OFDI 的动机是获取当地技术资源。同样，魏建山和宋在荣（Shan & Song，1997）在研究外资企业在美国生物技术行业的直接投资动机后也得出相似观点。此外，数据显示，跨国企业在后发国家的 R&D 投资主要集聚在各国或地区知识高地。以亚洲为例，1999 年对国内外 587 家 R&D 机构调查表明，跨国企业 R&D 机构主要集聚在：韩国仁川；中国台湾、香港、上海、北京、广州和深圳；新加坡、吉隆坡以及马尼拉等少数地区，旨在获取当地生产知识和市场知识，分享技术创新外溢效应等，以提升企业的国际竞争优势（楚天娇，2005）。当然，还有诸多相关案例，如在 1999 年，英国沃达丰空中通讯公司耗资 1480 亿美元并购曼德国内斯曼公司；2000 年，法国阿尔卡特公司收购美国 Digimarc 公司等。跨国企业在全球范围内的兼并和重组，促进了资源优化配置和产业结构调整升级，使得其国际化研发和生产能够大幅提升，竞争优势更加凸显。

目前，东盟国家已经吸引了大量的来自美国、欧盟和日本等发达国家和地区的跨国公司，如新加坡的裕廊工业园区，通过对园区的资金筹集、土地运用、招商引资等进行整合和精准谋划，确保入园项目能够快速启动并实现规模经济，有力吸引了大量跨国公司投资，逐渐形成了由劳动密集型制造业（加冷盘底工业区）为主导转变为以资本与技术密集型产业（新加坡科学园）为主导的产业集群发展模式（赵甜、方慧，2019）。由此，集聚了一大批全球资本与技术密集型跨国企业入园，这为中国企业学习发达国家先进技术、获取技术外溢等提供了便利化渠道。此外，中国企业还可以通过 OFDI 将手工制造等具有技术比较优势的产业部分转移至东盟国家，以获取技术垄断利润（赵德森等，2015），进而为母国企业开展技术研发与创新提供更充分的资金支持。

3.1.5 竞争优势动因

竞争优势理论在国际直接投资理论中占据重要地位，在跨国企业开展对外直接投资中具有至关重要的作用（唐继凤等，2021）。竞争优势的产生与市场竞争的信息不对称性密切相关，在此环境下跨国企业可能凝聚竞争优势，如在技术、资本、管理、营销以及信息网络等方面形成独特的竞争优势（姜忠辉等，2020）。能够与东道国本土企业在市场竞争中形成有利于跨国企业的有利局面。我国企业在国际化过程中在先进技术、高效管理、信息网络、人才支撑以及资金保障等方面领先于东盟部分国家，能够在 RCEP 框架下克服"外来者"劣势并与其他成员国展开竞争的动态能力和比较优势（冯德连，2018）。除此之外，考虑到"规模报酬递增"对跨国企业投资决策具有重要影响，继而决定企业是否要开展 OFDI 或拓展投资规模，必须审慎考虑该效应及其影响（蒋伟等，2019）。目前，我国企业"走出去"开展 OFDI 体量逐渐增大，并形成国企和民企"双轮"驱动的新格局。因此，国内企业应充分挖掘和利用自身拥有的动态竞争优势，在国际市场实现利润最大化。同时，用好用足国家政策支持等便利化条件，与国家发展重大战略保持一致。

3.1.6　OFDI 动机新变化

经过邓宁（Dunning，1988）完善的 OLI 理论框架，是诠释 OFDI 动机最广泛使用的理论，但伴随国际投资环境新变化、发达国家对外投资战略转型以及新兴市场国家群体性崛起，国际直接投资动机衍生出新的特点。一是从发达经济体跨国公司视角看，其基于传统垄断优势为核心的投资动机不断寻求本土化竞争优势、注重东道国创新源挖掘等方向转变（Kumar et al.，2019）；二是从新兴经济体跨国公司视角看，其基于传统的学习模仿、规避贸易壁垒等为核心的投资动机逐渐寻求与东道国合作（Mathews，2006；Benito，2015），以及将国际扩张作为"跳板"获取战略性资源（Paul et al.，2018）等动机转变。以上变化表明，市场环境变化、发展中经济体与发达经济体跨国企业之间的差距渐进缩小（Herzer，2011；Narula，2012）等因素，促成了企业进行跨国直接投资的动机嬗变（刘文勇，2020）。

通过深入研究以上四类投资模式及其动因，我们可以归纳和总结出如下结论：一是跨越经济学与管理学范畴，从组织行为学视角看，特别是利用和探索的"两栖性"理论（Tushman & O'Reilly，1996；王凤彬、杨阳，2013），能更深刻理解传统型 OFDI 和战略资产导向型 OFDI 的行为差异。对传统型 OFDI 来讲，不论是为获取资源、市场还是效率，都是基于企业在母国的既定独特优势，因此这些投资是利用企业既有能力和资源的"范式复制"类投资。但战略资产导向型 OFDI 是企业为获取海外互补性战略资产，以建立新的独特优势或提升既有独特优势，因此是创造能力和资源的投资。二是从投资动机视角观察这四类 OFDI 的演进轨迹，可以大致推断先发国家进行境外直接投资的基本路径：在工业化初期阶段，资源导向型直接投资占据主导；伴随经济快速发展和企业国际竞争力提升，再加上国内需求、跟随对手以及抢占海外市场等因素影响，市场导向型直接投资逐渐占据主导（裴秋蕊、卢进勇，2019）。之后，在经济全球化和一体化推动下，工业化国家出于转变经济发展方式、推动产业结构调整等综合考虑（徐建伟、李金峰，2018），开始效率导向型和战略资产导向型直接投资，在全球范围内整合资源，以优化资源配置、提高生产效率，并充分利用本地化的先进技术、营销网络及管理经验等资源，提高企业核心能力和动态竞争优势（杨先明、黄华，2021）。

3.2　OFDI 贸易效应机理阐释

3.2.1　出口引致效应影响机理

出口引致效应是指投资国扩大对东道国直接投资的同时，会带动母国对东道国商品出口的增加。从投资动机视角看，技术寻求型 OFDI 和市场寻求型 OFDI 是形成该效应的关键动因。从图 3–1 可以看出，中国跨国企业利用技术寻求型 OFDI 的方式，以获取东盟国家的先进技术、营销网络及管理经验等要素资源，增加企业产品附加价值，使得跨国企业的动态能力和国际竞争力得到有效提升，进而带动产品出口。技术导向型 OFDI 引致产品出口增加的行业，在电子、航空航天以及生物工程等领域表现突出。市场导向型 OFDI 通过获取东道国要素资源，为母国企业出口营造便利化条件，其中，出口产品主要涉及原材料、零部件、中间产品、制成品及资本品等。目前，中国的服装业、轻工业以及机械行业等多通过新建企业方式（绿地投资）在东盟投资建厂，以此开展加工贸易，由此带动国内相关配件、零部件等产品出口或资本品输出。

3.2.2　反向进口效应影响机理

反向进口效应，是指母国对东道国 OFDI 引起母国对东道国进口的增加。

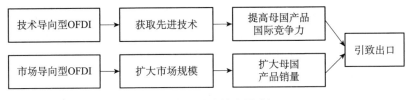

图 3 - 1　出口引致效应影响机理

从图 3 - 2 可以看出，我国企业通过 OFDI 带动边际产业转移时，要素寻求型 OFDI 会将产品生产基地转移至要素价格相对低廉的国家或地区，使得产品生产在成本相对较低的东道国进行组织生产。之后，再从东道国进口产品以满足母国市场需求。我国跨国企业对东盟十国、拉丁美洲等地区的投资存在显著的反向进口效应。此外，资源导向型 OFDI 亦会产生此种效应，中国企业海外资源开采类等资源密集型行业的对外直接投资通常会引致对东道国资源类产品进口增加。我国幅员辽阔，资源丰富，但是人均资源的占有量显著偏低，急需从国外进口大量的资源及其产品以补充国内需求。我国诸多大型企业，如中海油、中石油和中石化等资源类企业，投资东盟的主要目的旨在寻求国内相对稀缺的资源。

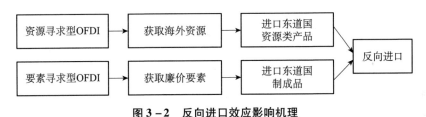

图 3 - 2　反向进口效应影响机理

3.2.3　出口替代效应影响机理

出口替代效应是指对东道国直接投资的增加将减少母国对其出口的规模。水平型直接投资的出口替代较为显著，且主要体现于以边际产业转移抑或旨在规避贸易壁垒的制造业对外直接投资层面，其中以市场导向型 OFDI 和要素导向型 OFDI 占比最大。中国企业通过对外直接投资驱动边际产业转移，能够充分整合利用东道国相对廉价的要素资源，实现规模化生产，大幅度降低生产成本和运输成本（如图 3 - 3 所示）。当前，中美贸易摩擦持续升级，欧美等发达国家对中国企业产品出口肆意采取反倾销和反补贴等非关税壁垒措施，进而导致中国企业产品出口门槛不断抬升，中国对外贸易面临前所未有的挑战与风险。因此，中国企业可以以东盟国家为对外直接投资重要输出地，将其生产或者加工基地迁移至东道国，进而以东道国为依托将产品出口至第三国，绕过部分国家对中国企业出口的贸易壁垒，尽管从母国出口的产品数量出现显著减少，但其整体贸易福利水平并未受损。

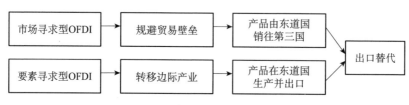

图 3 - 3　出口替代效应机理分析

3.2.4　进口替代效应影响机理

进口替代效应的主导思想是资本输出国对东道国投资会产生从东道国进口规模的大幅度减少，其中要素寻求型 OFDI 的进口替代效应较为显著（如图 3 - 4 所示）。中国企业生产所需原材料需要从其他国家进口，为降低运输成本以及消除关税和非关税壁垒等带来的成本增加，企业会选择对外直接投资方式将部分出口产品生产基地或生产过程转移至东道国，直接在当地利用其原材料和要素资源进行加工生产，致使企业与生产相关的原材料进口减少，产生进口替代效应。此外，对于企业技术导向型 OFDI，为有效获得东道国拥有的先进技术、营销网络及管理经验等优质资源，跨国企业采取并购或收购东道国的高新技术企业和研发机构，进而采取技术转移等方式使得高科技产品在母国生产，从而降低母国相关产品进口。

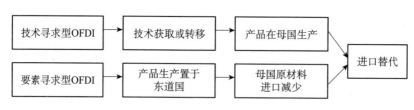

图 3 - 4　进口替代效应机理分析

3.3　本章小结

　　本章基于母国视角，对 OFDI 所引致的贸易效应给予了系统深入阐释，主要从出口引致效应、反向进口效应、出口替代效应和进口转移效应四个方面进行了诠释，并将上述效应概括为替代效应和互补效应两个方面。由此，明确了对外直接投资影响进出口贸易的内在机理及关键路径，为进一步实证研究其内在关联性及程度奠定了理论基础。

第4章 中国—东盟直接投资和贸易合作

随着经济全球化深入推进和经济一体化加速演进，国际资本在世界各国经济交往中的地位及作用日渐凸显。发达国家和发展中国家均主动积极参与对外投资与贸易合作，特别是发展中国家，近年来已成为世界对外直接投资的关键力量，其中以中国最具代表性。贸发会议（UNCTAD）公布的《2019 年世界投资报告》数据显示，2018 年中国对外直接投资规模达 1300 亿美元，仅次于日本的 1430 亿美元，位居世界第二，而美国由于其跨国企业大规模资金回流致使未能入围全球前 20 对外投资国家名单。整体来看，发达国家对外投资规模骤降 40%，发展中国家对外投资降低了 10%。根据贸发会议公布的《2020 世界投资报告》数据，2019 年，全球 OFDI 流出量达到 1.31 万亿美元，年末存量为 34.57 万亿美元。据此测算，2019 年，中国 OFDI 流量和存量分别占当年全球流量及存量的 10.4% 和 6.4%，其中，流量位居世界第二位，存量名列第三位。

在与中国投资和贸易往来的全部国家中，东盟占有极其重要的地位（林创伟等，2019）。东盟在地理上与我国相邻，同时在文化、民俗等方面极为相似，经贸合作十分密切。此外，由于东盟各国资源丰富、市场规模以及营商环境等优势突出，对中国企业具有强烈吸引力。2013 年 9 月，习近平总书记提出"一带一路"重大倡议后，中国与东盟各国的双边投资和贸易迎来前所未有的契机。中国对东盟国家直接投资和进出口贸易不断攀升，双边投资和贸易增速加快。近年来，中国与东盟经贸合作成果丰硕、捷报频传。2019 年，东盟首次取代美国成为中国的第二大贸易伙伴；2020 年前 5 个月，贸易额超越欧盟，历史性成为中国最大贸易伙伴，在中国和东盟的经贸关系史上具有里程碑意义。与此同时，伴随 2020 年东盟十国与中国、日本、韩国、澳大利亚以及新西兰正式签署《区域全面经济伙伴关系协定》（RCEP），在当前全球化遭遇逆流以及全球产业链重塑的宏观大背景下，RCEP 这一极具里程碑意义的重大事件，预期将为区域贸易自由化、投资便利化和全球经济发展注入强有力的动能，东南亚有望成为未来全球投资最为关注的新兴市场之一。

4.1　东盟投资环境

1967 年 8 月，印度尼西亚、泰国、新加坡以及菲律宾四个国家的外长和马来西亚副总理在泰国首都曼谷举行会晤，并发表了《东南亚国家联盟成立宣言》（又称《曼谷宣言》），正式宣布东盟成立。20 世纪 80 ~ 90 年代，先后有文莱、越南、老挝、缅甸和柬埔寨五个国家加入该组织，至此东盟成员国由 5 个拓展成 10 个。秉承"平等"与"合作"精神，合力推动区域经济发展、社会进步和文化繁荣，为进一步打造繁荣与和平的东南亚国家共同体奠定坚实基础，旨在推动地区和平与稳定。《东盟宪章》成为东盟成立 40 多年来首个具有法律效力的文件，就东盟构建的主要目标、基本原则、关键地位和核心架构等予以明确，同时授权东盟法人地位，对成员国具有普遍的约束力。自 1978 年始，东盟各国每年都会与美国、日本、中国等伙伴举行对话会议，就重大国际政治以及经济等问题交换意见。

东盟地处亚洲东南部，全部成员国面积约为 439.13 万平方千米，东临太平洋，西濒印度洋，是亚洲与大洋洲、太平洋和印度洋的"十字路口"，战略地位极为重要。东盟地区矿产资源丰富，盛产石油和锡，拥有世界最大的锡矿带。2020 年，东盟十国总人口逾 6.67 亿人，仅次于中国、印度，是世界上人口较集中的地区之一，约占世界总人口的 8.6%。全地区劳动力人口占总人口比重约为 50%，同时是全球华人和华侨最集中地区，超过 70% 的外籍华人、华侨分布在东盟各国，其中印度尼西亚、泰国和马来西亚位居前三。

从宏观经济维度看，根据世界银行数据，近年东盟经济增长稳定态，经济总量从 2016 年的 25978.4 亿美元快速增长至 2019 年的 31798.2 亿美元，占世界经济总量的比重从 3.4% 上升至近 4.2%。2020 年，受新冠肺炎疫情影响，东盟经济总量降至 30021.6 亿美元，占世界经济总量的比重下滑至 3.9%。从成员内部看，大多数国家 GDP 均下降，仅有老挝、文莱和越南保持正增长，增幅分别为 0.4%、1.2% 和 2.9%，跌幅最大的缅甸达到 -10%。

从产业结构构成看，东盟成员国经济发展不平衡，产业结构异质性较大。根据世界银行数据，2020 年，新加坡服务业规模占 GDP 比重为 71%，高于世界平均水平，马来西亚和泰国服务业占 GDP 比重均超过 50%，分别为 58.3% 和 54.8%。工业增加值占 GDP 的比重，除新加坡（24.4%）以外，其他 9 个成员国均超过世界平均水平（约 25%），文莱工业增加值占 GDP 的比重高达 59.1%。除新加坡和文莱外，其他成员国农业增加值占 GDP 比重均大幅高于世界平均水平（约 3.6%），而柬埔寨和缅甸农业增加值占 GDP 比重均达 22.8%。

从债务规模和结构看，各成员国因经济发展水平和资源禀赋等情况差异，对外债的需求存在较大差异。新加坡、文莱和马来西亚 3 国无外债，其他 7 个成员国均对外债有不同程度的需求。根据 Fred 统计数据，截至 2019 年，越南、柬埔寨和老挝外债存量占国民总收入（GNI）的比重分别高达 47.6%、60% 和 94.1%。短期外债占总外债的比例最高的分别是泰国（20.8%）、越南（22.3%）和柬埔寨（33.3%）；短期外债占总储备比例最高的是泰国（26.7%）、印度尼西亚（34.7%）和老挝（54.8%）。此外，从失业率水平看，按照国际劳工组织估计，除文莱外（8.4%），东盟其他 9 个成员国失业率均保持低于世界平均水平（6.5%）。老挝和泰国失业率最低，低于 1%。受疫情影响，2020 年各国失业率均高于上年。

整体而言，东盟是目前全球最具活力的增长地区。区内 10 国，部分向发达国家迈进，部分处于创新发展阶段，具有广泛的投资和贸易合作机会。东盟经济活力的源泉在于其区域中心地位，劳动力充足，产业格局多元，自然资源丰富，具有较强的国际与区域经贸联系，以及繁荣发达的旅游业，对吸引外商直接投资具有显著比较优势，也为中国持续扩大对东盟投资提供更为优越的营商环境。

4.2 中国与东盟直接投资合作

在全球经济复苏放缓、外需疲弱背景下，东盟经济增速出现回落。根据亚

洲开发银行统计数据，2018 年，东盟经济增长 5.1%，较之 2017 年回落
0.2%，但仍显著高于世界平均增速（3.0%）。其中，柬埔寨、印度尼西亚、
泰国和越南经济增速逆势提升，部分国家经济增速尽管有所回落，但仍保持较
快增长，以柬埔寨增速最快，达到 7.3%，较上年提升 0.3%。与此同时，在
世界外商直接投资和对外直接投资均大幅下滑背景下，东盟国家吸引外商直接
投资却逆势增长，达到 1486 亿美元，比上年增长 3.1%，占全球比重为
11.5%，较上年提高 1.9%。其中，新加坡是吸引 FDI 最多的国家，为 776 亿
美元，占东盟总额的 52.2%；印度尼西亚和越南分别为 220 亿美元和 155 亿美
元，分列第二位和第三位。泰国外商直接投资大幅增长，较上年增长超 62%，
是东盟国家中增长最快的国家。

中国与东盟投资和贸易合作历史悠久，双方共建自贸区为更深入投资贸易
合作提供广阔空间和机遇。2009 年，《中国—东盟自由贸易区投资协议》的正
式签署与实施，以法律形式和制度规则为中国与东盟企业深度合作提供更加自
由便利的投资环境。协议中，双方就投资者国民待遇及最惠国待遇达成一致。
同时，在投资自由便利化层面，为投资企业流程进行简化；在利润转移和汇回
层面，允许投资者依照当日汇率进行兑换，以确保现金流动自由；在信息披露
层面，能够保障投资法律法规和政策措施得到及时发布和传播。此外，协议还
针对投资争端解决机制等问题给出明确规定，以确保公平公正解决投资争端，
保障双方企业在更透明、可预期的环境中开展广泛的经贸合作，由此带动中国
企业加速投资东盟（蒋德翠，2020）。根据商务部统计数据，2020 年上半年，
中国对东盟 OFDI 达到 62.3 亿美元，同比增长了 53.1%，占中国上半年对
"一带一路"沿线 OFDI 的 76.7%。与此同时，东盟国家对中国投资额同比增
长了 5.9%，双边投资合作成效表现突出。

4.2.1　投资规模持续扩大

2010 年中国—东盟自由贸易区成立以来，中国对东盟 OFDI 呈快速增长态
势。2011 年，对东盟 OFDI 流量达 59.05 亿美元，同比增长了 34.07%，占当
年总流量的 8.58%；2015 年，对东盟 OFDI 流量达 146.04 亿美元，同比增长
了 87.12%，占总流量的 10.03%，投资水平显著加强；2019 年，中国对东盟

OFDI 流量达 130.23 亿美元，较之 2018 年 136.93 亿美元略微降低了 6.69 亿美元（如图 4 - 1 所示）。从投资存量看，2011 年对东盟 OFDI 存量高达 214.62 亿美元，同比增长了 49.56%，占当年总流量的 50.5%；2018 年，对东盟 OFDI 存量创历史新高，达到 1028.58 亿美元，占当年总存量的 5.19%；2019 年，投资存量较 2018 年有所增长，达到了 1098.91 亿美元（如图 4 - 2 所示）。

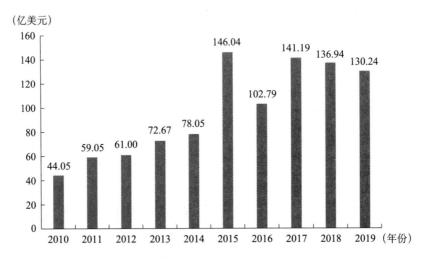

图 4 - 1   2010～2019 年中国对东盟直接投资流量

资料来源：《2019 年度中国对外直接投资统计公报》。

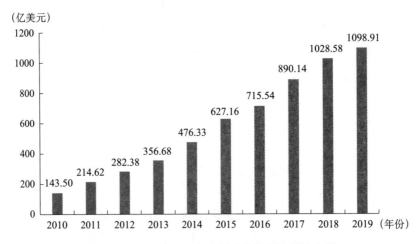

图 4 - 2   2010～2019 年中国对东盟直接投资存量

资料来源：《2019 年度中国对外直接投资统计公报》。

从图 4 - 2 可知，2011 ~ 2019 年中国对东盟 OFDI 存量积累增速显著，年均增长率高达 16.76%，中国对东盟 OFDI 呈加速推进态势。此外，2019 年，中国对亚洲的投资规模高达 1108.4 亿美元，同比增长 5.1%，占当年 OFDI 流量的 80.9%。其中，905.9 亿美元流向中国香港，其同比增长 4.2%，占亚洲投资总额的 81.7%；对东盟十国投资总额为 130.2 亿美元，同比小幅下降4.9%，占亚洲投资总额的 11.8%。另外，从 2019 年中国 OFDI 流量排名前 20 的国家和地区来看，东盟十国中有 7 个国家位列其中，主要流向新加坡（48.3亿美元）、印度尼西亚（22.2 亿美元）、越南（16.5 亿美元）、泰国（13.7 亿美元）、老挝（11.5 亿美元）、马来西亚（11.1 亿美元）和柬埔寨（7.5 亿美元）（见表 4 - 1）。

表 4 - 1   2019 年中国对外直接投资流量前 20 位的国家（地区）

序号	国家（地区）	流量（亿美元）	占总额比重（%）
1	中国香港	905.5	66.1
2	英属维尔京群岛	86.8	6.3
3	新加坡	48.3	3.5
4	荷兰	38.9	2.8
5	美国	38.1	2.8
6	印度尼西亚	22.2	1.6
7	澳大利亚	20.9	1.5
8	瑞典	19.2	1.4
9	越南	16.5	1.2
10	德国	14.6	1.1
11	泰国	13.7	1.0
12	阿拉伯联合酋长国	12.1	0.9
13	老挝	11.5	0.8
14	马来西亚	11.1	0.8
15	英国	11.0	0.8
16	刚果（金）	9.3	0.7
17	伊拉克	8.9	0.7
18	巴西	8.6	0.6
19	哈萨克斯坦	7.9	0.6
20	柬埔寨	7.5	0.6
	合计	1312.6	95.8

资料来源：《2019 年度中国对外直接投资统计公报》。

2019 年末，中国 OFDI 存量排名前 20 位的国家（地区）累计达 20308.7

亿美元，占全部总投资存量的92.4%。主要包括中国香港、开曼群岛、英属维尔京群岛、美国、新加坡以及澳大利亚等国家（地区），其中包括4个东盟国家，分别是新加坡（526.4亿美元）、印度尼西亚（151.3亿美元）、老挝（82.5亿美元）和马来西亚（79.2亿美元），见表4-2。

表4-2　　　　　2019年中国对外直接投资存量前20位的国家（地区）

序号	国家（地区）	流量（亿美元）	占总额比重（%）
1	中国香港	12753.6	58.0
2	开曼群岛	2761.5	12.6
3	英属维尔京群岛	1418.8	6.5
4	美国	778.0	3.5
5	新加坡	526.4	2.4
6	澳大利亚	380.7	1.1
7	荷兰	238.5	1.1
8	英国	171.4	0.8
9	印度尼西亚	151.3	0.7
10	德国	142.3	0.7
11	加拿大	140.9	0.6
12	卢森堡	139.0	0.6
13	俄罗斯联邦	128.0	0.6
14	中国澳门	98.5	0.4
15	瑞典	85.8	0.4
16	百慕大群岛	83.4	0.4
17	老挝	82.5	0.4
18	马来西亚	79.2	0.4
19	阿拉伯联合酋长国	76.4	0.3
20	哈萨克斯坦	72.5	0.3
	合计	20308.7	92.4

资料来源：《2019年度中国对外直接投资统计公报》。

2010年第一季度，中国对东盟OFDI达39.4亿美元，同比增长达43.3%，是中国对"一带一路"沿线53个国家OFDI增速的3倍以上。相较而言，同期东盟对中国OFDI同比增长13%，即使在2020年前4个月，中国实际使用FDI缩水6.1%的背景下也十分亮眼。中国与东盟经贸合作的卓越业绩，在提振深受疫情冲击的双边经济的同时，更赋予了深陷低迷的全球经济增长的新活力和动力。

4.2.2 投资国别相对集中

从国别构成来看，2019 年中国企业在"一带一路"沿线 OFDI 主要流向新加坡、印度尼西亚、越南、泰国、阿联酋、老挝、马来西亚、伊拉克等国。其中，对新加坡投资约 48.3 亿美元，同比下降 24.8%；对印度尼西亚投资达 22.2 亿美元，同比增长 19.3%；对越南投资达 16.5 亿美元，同比增长 43.4%；对泰国投资达 13.7 亿美元，同比增长 85.1%；对伊拉克投资在 2019 年大幅增长，达到 88709 万美元，同比增长 113.7 倍。2019 年，中国对俄罗斯联邦的投资出现大幅下跌，净流出 3.79 亿美元。从投资存量来看，新加坡、印度尼西亚与俄罗斯联邦等是中国在"一带一路"沿线投资最多的国家，其中，包括 7 个东盟国家，依次是新加坡（526.37 亿美元）、印度尼西亚（151.33 亿美元）、老挝（82.50 亿美元）、马来西亚（79.24 亿美元）、泰国（71.86 亿美元）、越南（70.74 亿美元）和柬埔寨（64.64 亿美元），具体如图 4 - 3 所示。

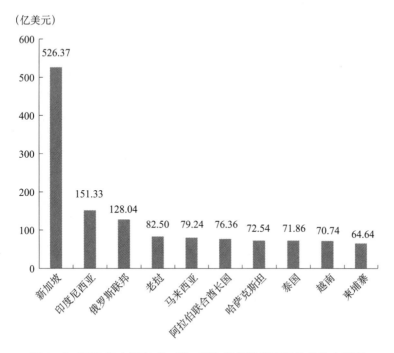

图 4 - 3 2019 年中国在"一带一路"沿线投资存量排名前十国家

资料来源：《2019 年度中国对外直接投资统计公报》。

东盟长期以来一直是中国在"一带一路"沿线重点的投资区域。2019年，中国对东盟OFDI流量达130.24亿美元，超过欧盟的106.99亿美元和美国的38.07亿美元；投资存量达到1098.91亿美元，较之欧盟的939.12亿美元和美国的777.98亿美元，分别超出了17.01%和41.25%（见表4-3）。此外，从投资总量来看，中国对东盟OFDI占"一带一路"沿线国家总投资流量的69.7%，占中国对亚洲国家和地区OFDI流量的11.8%，占中国对外投资总流量的9.5%。

表4-3　　　　　　　　　　2019年中国对主要经济体投资情况

经济体	流量			存量	
	金额（亿美元）	同比（%）	比重（%）	金额（亿美元）	比重（%）
中国香港	905.50	4.2	66.1	12753.55	58.0
东盟	130.24	-4.9	9.5	1098.91	5.0
欧盟	106.99	20.7	7.8	939.12	4.3
美国	38.07	-49.1	2.8	777.98	3.5
澳大利亚	20.87	5.1	1.5	380.68	1.7
俄罗斯联邦	-3.79	-152.3	-0.3	128.04	0.6
合计	1197.88	0.1	87.5	16078.28	73.1

资料来源：《2019年度中国对外直接投资统计公报》。

4.2.3　投资行业日益多元

中国对东盟国家投资行业日趋多元化，存量分布广泛，包括制造业、租赁与商务服务业、批发和零售业、采矿业、电力热力供应、建筑业和农林牧渔等领域。东盟日益成为中国企业"走出去"的重要目的地，在此投资设厂或建立研发基地的企业不断增加，这有益于加快中国企业国际化，实现经济共赢与技术共享。从2010~2019年中国对东盟投资行业整体情况看，排名前5的依次是制造业、租赁与商务服务业、批发和零售业、电力/热力/燃气及水的生产和供应业、采矿业，这5大行业占全部投资行业的比重分别为66.7%、72.8%、73.3%和73.2%（见表4-4）。

表 4 - 4 　　　　　　　　中国对东盟投资行业存量比重　　　　　　单位:%

行业	2010 年	2017 年	2018 年	2019 年
制造业	13.3	17.5	20.8	24.2
租赁与商务服务业	8.2	19.6	18.3	17.2
批发和零售业	13.1	13.3	15.0	16.2
电力/热力/燃气及水的生产和供应业	19.3	10.8	9.7	8.6
采矿业	12.8	11.6	9.5	7.0
建筑业	8.1	7.4	6.7	7.2
金融业	12.3	5.9	5.5	6.3
农/林/牧/渔业	3.7	5.1	4.8	4.9
交通运输/仓储和邮政业	5.9	2.8	3.2	3.4
房地产业	0.8	2.5	3.1	1.5
科学研究和技术服务业	2.1	1.0	1.1	1.1
信息传输/软件和信息技术服务业	0.1	1.1	0.7	1.1
居民服务/修理和其他服务业	0.1	0.7	0.7	0.4
卫生和社会工作	—	0.4	0.3	0.2
教育	—	0.0	0.3	0.2
其他行业	0.2	0.3	0.3	0.3
合计	100	100	100	100

资料来源:根据相关年份《中国对外直接投资统计公报》数据整理。

2019 年,中国对东盟 OFDI 流量达 130.24 亿美元,同比下降约为 4.9%,占当年流量总规模的 9.5%;年末存量达 1098.1 亿美元,占总存量约 5%。截至 2019 年底,中国在东盟设立跨国投资企业超 5600 家,雇用本地员工达 50 万人。从流量行业构成情况看,主要聚焦于制造业、批发和零售业、租赁与商务服务业、电力/热力/燃气及水的生产和供应业、金融业等领域。从投资的行业看,中国企业投资的第一大行业是制造业,投资金额约 56.71 亿美元,同比增长 26.1%,占对东盟投资的 43.5%。从制造业投资流向看,主要流向印度尼西亚、泰国、越南、马来西亚和新加坡。在东盟投资的第二大行业是批发和零售业,约 22.6 亿美元,同比下降 34.7%,占对东盟投资的 17.4%。从流向看,主要流向新加坡。租赁和商务服务业位列第三位,投资额约 11.89 亿美元,同比下降 20.8%,占对东盟投资的 9.1%,主要输出至新加坡、老挝和印度尼西亚等国。其中,电力、热力、燃气及自来水等公共服务业投资额约

8.98 亿美元, 同比增长了 4.4%, 占对东盟 OFDI 规模的 6.9%, 主要输出至越南、印度尼西亚、柬埔寨和老挝等国家。

此外, 农林牧渔业投资总规模达 5.64 亿美元, 同比下降 3.9%, 占对东盟投资的 4.3%, 主要流向老挝、新加坡; 建筑业投资约 4.74 亿美元, 同比增长 48.1%, 占对东盟投资的 3.6%, 主要流向柬埔寨、马来西亚、老挝、缅甸和印度尼西亚等国。交通运输、仓储和邮政业投资约 4.21 亿美元, 同比下降 49%, 占对东盟投资的 3.2%, 主要流向新加坡和老挝。科学研究和技术服务业投资约 2.13 亿美元, 同比增长 16.7%, 占对东盟投资的 1.6%, 主要流向新加坡、马来西亚和泰国等 (见表 4-5)。

表 4-5 　　　　　　　　　2019 年中国对东盟投资流量行业构成

行业	投资额 (亿美元)	占比 (%)	国别流向
制造业	56.71	43.5	印度尼西亚、泰国、越南、新加坡
批发和零售业	22.69	17.4	新加坡
租赁与商务服务业	11.89	9.1	新加坡、老挝、印度尼西亚
电力/热力/燃气及水的生产和供应业	8.98	6.9	越南、印度尼西亚、柬埔寨、老挝
金融业	7.96	6.1	新加坡、泰国、印度尼西亚、柬埔寨
农/林/牧/渔业	5.64	4.3	老挝、新加坡、
建筑业	4.74	3.6	柬埔寨、马来西亚、老挝、缅甸、印度尼西亚
交通运输/仓储和邮政业	4.21	3.2	新加坡、老挝
科学研究和技术服务业	2.13	1.6	新加坡、马来西亚、泰国

资料来源: 根据《2019 年度中国对外直接投资统计公报》数据整理。

从存量行业构成情况看, 主要流向制造业、租赁与商务服务业、批发和零售业、电力/热力/燃气及水的生产和供应业、建筑业等领域。

从 2019 年中资企业在东盟国家投资存量行业分布看, 投向制造业的约 265.99 亿美元, 占 24.2%, 主要分布在印度尼西亚、越南、马来西亚、泰国、新加坡、柬埔寨、老挝等国家; 租赁和商务服务业 188.52 亿美元, 占 17.2%, 主要分布在新加坡、印度尼西亚、老挝等国家; 批发和零售业 178.11 亿美元, 占 16.2%, 主要分布在新加坡、马来西亚、泰国、印度尼西亚等国家; 电力、热力、燃气及自来水等公共服务业 94.99 亿美元, 占 8.6%, 主要分布在新加坡、缅甸、印度尼西亚、柬埔寨、老挝等国家；建筑业 78.09 亿美元，占 7.2%，主要分布在柬埔寨、新加坡、马来西亚、印度尼西亚等国家；采矿业 77.04 亿美元，占 7%，主要分布在印度尼西亚、缅甸等国家；金融业 68.85 亿美元，占 6.3%，主要分布在新加坡、泰国、印度尼西亚和马来西亚等国家；农林牧渔业 53.61 亿美元，占 4.9%，主要分布在新加坡、老挝、柬埔寨、马来西亚等国家；交通运输、仓储和邮政业 37.89 亿美元，占 3.4%，主要分布在新加坡、老挝等国家（见表 4-6）。

表 4-6　　　　　　　　　2019 年中国对东盟投资存量行业构成

行业	投资额（亿美元）	占比（%）	国别流向
制造业	265.99	24.2	印度尼西亚、越南、马来西亚、泰国、新加坡、柬埔寨、老挝
租赁与商务服务业	188.52	17.2	新加坡、印度尼西亚、老挝
批发和零售业	178.11	16.2	新加坡、马来西亚、泰国、印度尼西亚
电力/热力/燃气及水的生产和供应业	94.99	8.6	新加坡、缅甸、印度尼西亚、柬埔寨、老挝
建筑业	78.09	7.2	柬埔寨、新加坡、马来西亚、印度尼西亚
采矿业	77.04	7	新加坡、印度尼西亚、缅甸
金融业	68.85	6.3	新加坡、泰国、印度尼西亚、马来西亚
农/林/牧/渔业	53.61	4.9	新加坡、老挝、柬埔寨、印度尼西亚
交通运输/仓储和邮政业	37.89	3.4	新加坡、老挝
房地产业	16.08	1.5	新加坡、老挝、印度尼西亚
科学研究和技术服务业	12.22	1.1	新加坡

资料来源：根据《2019 年度中国对外直接投资统计公报》数据整理。

《2020-2021 年东盟投资报告》显示，2020 年东盟吸收外资前十大行业的 FDI 占总量的 95%，其中，传统前金融、批发和零售及制造业三大行业吸收 FDI 占总量的 70% 以上。受疫情影响，制造业 FDI 较 2019 年大幅收缩至 200 亿美元，降幅高达 59%，金融、酒店、旅游、房地产、建筑等服务业停滞不前。基础设施如电力、信息通信、运输仓储等行业投资有所增加；批发和零售贸易行业的 FDI（268 亿美元）仍保持较高水平，较 2019 年仅小幅下降 4.6%（见表 4-7）。

表 4 - 7 　　　　　　　　　2019 年和 2020 年东盟吸收 FDI 前十大行业 　　　　　单位：亿美元

2019 年		2020 年	
行业	FDI 吸收量	行业	FDI 吸收量
金融保险	571	金融保险	507
制造业	491	批发零售	268
批发零售	281	制造业	200
专业科技活动	150	专业科技活动	106
房地产	110	房地产	84
采矿、采石业	21	电力、燃气及蒸汽供应	43
运输仓储	16	运输仓储	25
电力、燃气及蒸汽供应	15	信息通信	23
信息通信	-8	采矿、采石业	14
未指明行业	64	未指明行业	51

资料来源：东盟 FDI 数据库。

　　整体来看，在中国对东盟直接投资行业中，制造业始终占据各行业之首，而其中以钢铁业投资占主导地位。《2019 年中国对外投资发展报告》数据显示，当前东盟已成为中国第一大钢铁出口市场与钢铁对外投资的重要地区，在建的和已经建成的 1590 万吨海外粗钢产能中约有 1250 万吨都位于东盟地区。据统计，2017 年东盟钢铁消费占全球总量的 4.6%，粗钢产量占 1.6%，钢铁进口占 13.6%。

　　东盟是世界钢铁消费增长最快的地区之一。根据东盟钢铁委员会数据显示，2018 年东盟六国（越南、印度尼西亚、马来西亚、菲律宾、泰国、新加坡）钢材消费量比上年增加 200 万~300 万吨，为 7700 万吨，2019 年将增加至 8300 万吨，预计 2025 年该地区产能将增长至 1.17 亿吨。据测算 2025 年，越南将可能成为东盟第一大钢材消费国，年消费量将超 3300 万吨。其次是印度尼西亚和菲律宾，年消费量预计 2000 万~2500 万吨，而马来西亚与泰国的年消费量预计在 1500 万~2000 万吨，新加坡年消费量基本维持 400 万吨左右。东盟钢材进口对外依赖度较高，主要从中国、日本、韩国以及中国台湾等进口钢材。近年来，中国钢材凭借其质优、价廉、供货稳定等优势，迅速占领东盟钢铁市场，自 2013 年以来中国一直是东盟第一大钢材进口来源地。短期看，东盟市场板材缺口依然较大，中国、日本、韩国和中国台湾仍是东盟国家主要的板材进口来源地，但同时将面临越南、印度尼西亚以及马来西亚等国家新增产能的激烈竞争。

4.2.4 投资地位不断提高

《2019 年度中国对外直接投资统计公报》数据显示，总体上看，2019 年中国 OFDI 流量为 1369.1 亿美元，较 2018 年同比下降 4.3%，这是自 2016 年以来中国对外投资连续 3 年下降。未来，随着"双循环"格局的构建，中国的对外投资还将有较大的降幅。根据商务部数据，2019 年，中国企业投资已经覆盖世界 188 个国家和地区，涵盖 18 个行业大类，中央企业和单位对外直接投资同比增长 18%，民营企业对外投资下降，地方企业对外投资同比下降 8.7%。在投资效益上，2019 年中国跨国企业经营状况良好，超过 70% 的企业为盈利或者持平。

与对外投资整体萎缩相反，"一带一路"沿线国家投资出现增长。从投资规模看，2019 年，中国企业东盟国家 OFDI 流量达到 186.9 亿美元，较 2018 年增长 4.5%，占同期 OFDI 流量的 13.7%（如图 4 - 4 所示）。2019 年末，中国企业在"一带一路"沿线 OFDI 存量达到 1794.7 亿美元，占全部 OFDI 存量的 8.2%。2013 ~ 2019 年，中国对"一带一路"沿线 OFDI 合计为 1173.1 亿美元，占同期中国 OFDI 流量的 11.6%（如图 4 - 5 所示）。

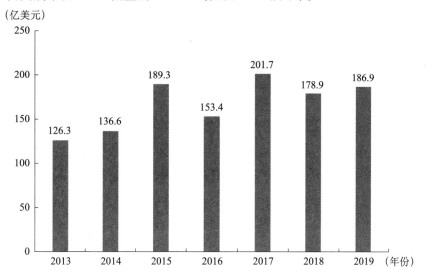

图 4 - 4　2013 ~ 2019 年中国对"一带一路"沿线投资流量

资料来源：《2019 年度中国对外直接投资统计公报》。

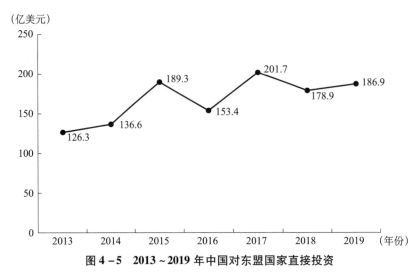

图4-5 2013~2019年中国对东盟国家直接投资

资料来源:《2019年度中国对外直接投资统计公报》。

4.2.5 投资竞争日趋激烈

美国、日本、中国和欧盟是东盟FDI的主要资金来源地。从东盟FDI资金来源国来看（如图4-6所示），2019年来自东盟内部的FDI占比仅为13.9%，较之2016年下降了7.9个百分点，排名第二。2019年，美国对东盟直接投资额为241亿美元，占比15.2%，位居第一。其后依次为日本（206亿美元）占比13%、欧盟（154亿美元）占比9.7%、中国占比5.6%。总体而言，中国与全球主要发达经济体高度重视对东盟投资，但影响力相对偏低。

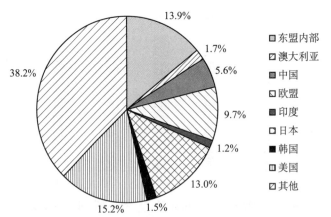

图4-6 2019年东盟FDI区域来源占比

资料来源：ASEAN。

《2020 - 2021 年东盟投资报告》显示，2020 年东盟 FDI 流量更加集中。前十大投资来源地的 FDI 从 2019 年的 1296 亿美元降至 2020 年的 1035 亿美元，但占该地区总吸收 FDI 比重从 71.2% 升至 75.4%。大多数来源地对东盟投资呈现下降走势，其中，日本下降 65%、欧盟减少 40%。由于英国乐购公司剥离了在马来西亚和泰国超市业务，其 FDI 下跌至 130 亿美元，而美国、泰国和瑞士的 FDI 有所增加（见表 4 - 8）。

表 4 - 8　　　　　2019 年和 2020 年东盟前十大 FDI 来源地投资情况　　　单位：亿美元

2019 年		2020 年	
经济体	投资额	经济体	投资额
美国	346	美国	347
日本	239	新加坡	140
新加坡	157	中国香港	120
中国香港	129	日本	85
加拿大	101	中国	76
中国	90	韩国	68
英国	79	泰国	55
韩国	75	加拿大	52
瑞士	42	瑞士	46
泰国	38	荷兰	46

资料来源：东盟 FDI 数据库。

4.2.6　投资风险总体可控

2020 年 6 月，中国社会科学院发布的《中国海外投资国家风险评级报告（2020）》显示，总体来看新兴经济体投资风险明显高于发达经济体，但仍然是未来中国企业 OFDI 最具潜力和活力的目的地。目前。"一带一路"沿线已成为中国 OFDI 新的增长点，且沿线国家投资风险水平较之整体水平偏低。需做好风险防控，精准识别并有效防范风险（尤宏兵等，2017），方是我国企业提高跨境投资成功率的关键前提。

报告对"一带一路"沿线的 51 个国家进行风险评级，其中，包括发达国家 7 个，发展中国家 44 个。从区域分布看，涉及非洲国家 1 个、欧洲国家 17 个和亚太国家 33 个。从总的评级结果看，东盟主要国家（文莱除外）风险相对较低，新加坡（AA）和柬埔寨（A）两国风险相对较低（太平、李姣，

2018），而马来西亚、印度尼西亚、老挝、菲律宾、缅甸、越南和泰国等国风险均为BBB，仍属可控范围内（见表4-9）。2019年以来，受贸易摩擦持续与地缘关系紧张，特别是新冠肺炎疫情冲击等影响，国际投资环境明显趋于恶化。主要体现为发达国家投资的风险趋于上升，其中以美国（A）和加拿大（AA）的投资风险上升最为显著，新西兰（AA）和英国（AA）等国家的投资风险也呈现不同程度的上升。

表4-9　　　　　　　　"一带一路"沿线国家风险评级结果

排名	国家	排名变化	评级结果	排名	国家	排名变化	评级结果
1	新加坡	-	AA	27	希腊	↑	BBB
2	阿联酋	↑	A	28	科威特	↓	BBB
3	卡塔尔	↑	A	29	土库曼斯坦	↓	BBB
4	爱沙尼亚	↑	A	30	巴林	↓	BBB
5	以色列	↓	A	31	阿尔巴尼亚	↓	BBB
6	捷克	↓	A	32	缅甸	-	BBB
7	波兰	-	A	33	蒙古	↓	BBB
8	斯洛文尼亚	↑	A	34	越南	↓	BBB
9	匈牙利	↓	A	35	泰国	↓	BBB
10	立陶宛	↓	A	36	吉尔吉斯坦	↓	BBB
11	柬埔寨	↑	A	37	孟加拉国	↑	BBB
12	马来西亚	↑	BBB	38	斯里兰卡	↓	BBB
13	保加利亚	↑	BBB	39	约旦	↓	BBB
14	俄罗斯	↓	BBB	40	黎巴嫩	↓	BBB
15	印度尼西亚	↓	BBB	41	印度	↓	BBB
16	哈萨克斯坦	↑	BBB	42	巴基斯坦	↑	BB
17	罗马尼亚	↓	BBB	43	乌兹别克斯坦	↓	BB
18	塞浦路斯	↑	BBB	44	白俄罗斯	↓	BB
19	亚美尼亚	↑	BBB	45	埃及	↓	BB
20	老挝	↓	BBB	46	乌克兰	↑	BB
21	阿塞拜疆	↑	BBB	47	塔吉克斯坦	↑	BB
22	克罗地亚	↓	BBB	48	土耳其	↓	BB
23	沙特阿拉伯	↓	BBB	49	伊朗	↓	BB
24	阿曼	↓	BBB	50	摩尔多瓦	↓	BB
25	菲律宾	↓	BBB	51	伊拉克	-	B
26	拉脱维亚	↓	BBB				

资料来源：2020年《中国海外投资国家风险评级报告》。

报告显示，"一带一路"沿线的整体投资风险较世界水平相对偏低，主要聚焦于社会弹性及双边关系两大核心指标。特别在双边关系，"一带一路"沿线国家在该指标上的平均得分较总体高 12%，比发达国家高 16.5%。根据统计数据，2019 年中国对"一带一路"沿线的 OFDI 与工程承包额分别达 150.4 亿美元、1548.9 亿美元，占全部投资的比重分别为 13.6% 和 59.5%。目前，后者已成为中国对"一带一路"沿线经济合作的主要方式。具体来看，中国对"一带一路"OFDI 存量排名的前十大国家，投资于新加坡的存量位居第一。新加坡也是唯一的"一带一路"沿线国家和地区中的低风险投资目的地，在经济基础与政治风险得分两个指标上明显高于其他的国家，同时在对华关系、偿债能力以及社会弹性等方面的得分也处于较高的水平（袁其刚、郜晨，2018）。这从一个侧面也反映出，东盟目前已成为中国 OFDI 的重要地区。

在全球投资和贸易保护主义抬头背景下，特别是近两年来，部分发达国家不断制造贸易摩擦和加强外资安全审查，致使中国企业对外直接投资遭遇严峻的风险和挑战。当前，我国仍处于社会主义初级阶段的特点，决定了中国企业 OFDI 应以获取资源和技术为主，而资源型行业往往是东道国保护的支柱产业，高新技术产业通常为东道国限制的行业，这为我国企业"走出去"带来巨大压力。此外，在中国企业综合国际竞争力日趋增强的背景下，一些西方国家企图以"资源掠夺""技术窃取"等为由对我国 OFDI 进行干预及限制，导致部分跨国合作项目被终止，我国对外投资面临日益严峻的形势。

4.2.7　警惕投资逆向反弹

2009 年以来，中国是东盟最大贸易伙伴，2011 年以来，东盟是我国前三大贸易伙伴，加上双方政治关系较密切，双方合作程度与日俱增。但要建立"海上丝绸之路"，仍存在一定难处。除东盟国家普遍存在的行政效率问题之外，部分国家将"一带一路"视为他国谋取核心经济利益为先，外国企业大举投资东盟，引发部分国家的担忧和恐慌。同时，部分西方国家质疑"一带一路"倡议，如倡议给伙伴国家提供低利贷款，可能会造成债务不断激增的风险，给国家财政带来一定问题，进而引发财务危机等。由此可见，中国企业在"走进"东盟过程中应全面深入了解当地政策环境，谨防投资遭国际负面舆论质疑而反弹。

伴随中国企业国际影响力增强，加上"一带一路"倡议深入推进产生的建设潮，我国企业所拥有的充裕资金、先进技术等条件强烈吸引东盟国家。但是，中国企业若想深入推动与东盟各国经济广泛合作，并实现良好预期效果，还需从顾忌当地民众的观感，尤其是在文化、制度、风俗及法律等磨合方面做好文章，讲好中国故事，树立良好形象，以及利用第三方合作等方式，形成真正合作态势，消解国际负面舆论影响，共筑利益共同体、命运共同体，实现双赢乃至多赢格局。

4.3 中国与东盟贸易合作

4.3.1 贸易规模稳步提升

自中国与东盟建交以来，双方经贸合作加速推进。2018 年中国与东盟双边贸易规模达 5876.04 亿美元，同比增长 14%，增速超过与欧盟、美国的贸易增速。目前，中国已连续十年保持东盟第一大贸易伙伴位置，而东盟则连续八年成为我国第三大贸易伙伴。中国与东盟经贸务实合作已成为国际经济合作的典范。2005 年，中国对东盟采取减税计划，促进双边贸易增长显著。近年来，世界经济增速放缓，中国与东盟贸易总额在 2015 年（4717.66 亿美元）和 2016 年（4523.76 亿美元）较 2014 年的 4802.86 亿美元有所回落，但 2017 年双边贸易额取得突破式进展，实现历史新高5154.53 亿美元。之后，双边贸易总额延续了这一态势，2018 年和 2019 年分别达到 5876.04 亿美元和 6416.93 亿美元，彰显出中国与东盟国家的经贸合作空间巨大（如图 4-7 所示）。需要强调的是，中国对东盟贸易多年来始终保持逆差走势，但 2012 年由逆差转变为顺差（83.63 亿美元），2015 年顺差额达到 828.16 亿美元历史新高。

从出口国别看，2019 年中国对东盟十国出口额位居前 5 的国家依次是越南、新加坡、马来西亚、印度尼西亚和泰国，同时中国也是以上国家的第一大进口地。出口额占我国对东盟十国总出口占比分别为 27.22%、15.24%、14.50%、12.70% 和 12.68%，其中，对文莱与老挝出口最小，二者占比仅为

0.67%。从变动走势看，中国对越南出口规模增幅最大，从 2006 年的 10.47%
快速增至 2019 年的 27.22%，增长了 16.75%，目前为中国在东盟第一大出口
地。此外，对菲律宾的出口则从 2006 年的 8.05% 增至 2019 年的 11.34%。值
得一提的是，中国对新加坡、马来西亚和印度尼西亚的出口呈现下降走势，其
中降幅最大的为新加坡，从 2006 年的 32.51% 迅速降至 2019 年的 15.24%，
减少了 50%；马来西亚则从 2006 年的 18.98% 降至 2019 年的 14.50%，小幅
减少了 4.48%。同时，中国对缅甸、柬埔寨和老挝的出口整体保持增长态势，
但仍处于较低水平（如图 4 - 8 所示）。

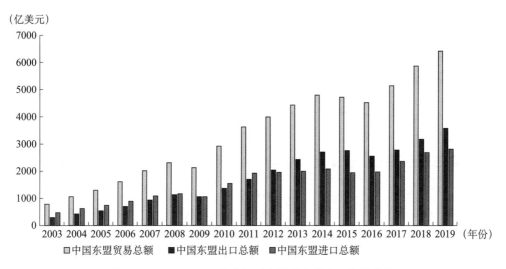

图 4 - 7 2003 ~ 2019 年中国对东盟国家进出口贸易走势

资料来源：国家统计局。

从进口国别看，2019 年中国对东盟十国进口额位居前 5 的国家依次是马
来西亚、越南、泰国、新加坡和印度尼西亚，源自上述国家的进口占我国自
东盟十国进口规模的比重分别为 25.48%、22.72%、16.36%、12.49% 和
12.09%，而马来西亚始终保持中国第一大进口地位置，泰国稳居第二位但
进口占比呈下降走势。值得说明的是，中国自越南的进口规模增幅最大，从
2006 年的 2.78% 大幅度提高至 2019 年的 22.72%，增长了 19.94%，一跃
成为中国在东盟的第三大进口来源地。与此同时，中国自新加坡与菲律宾的
进口占比出现下降走势，其中，菲律宾从 2006 年的 19.74% 大幅度减至
2019 年的 7.16%，降低了 12.58%；新加坡则从 2006 年的 19.74% 逐步降低

至 2019 年的 12.49%，减少了 7.25%。此外，中国自文莱、柬埔寨、老挝和
缅甸的进口比重偏低，2019 年以上 4 个国家分别占比 0.16%、0.51%、
0.76% 和 2.26%，主要原因与这些国家的经济发展水平及结构有关（如图 4 - 9
所示）。

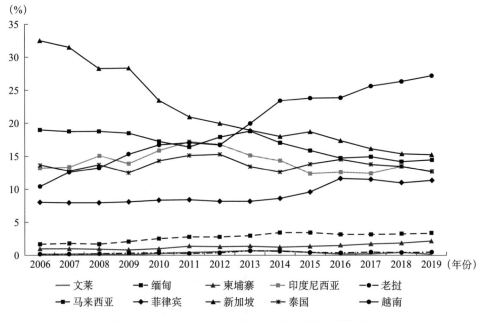

图 4 - 8 2006 ~ 2019 年中国对东盟各国出口额占比

资料来源：国家统计局。

4.3.2 双边贸易逆势增长

2020 年是我国与越南、印度尼西亚以及缅甸建交 70 周年，与菲律宾和
泰国建交 45 周年以及与新加坡建交 30 周年。在世界经济低迷叠加新冠肺炎
疫情下，中国与东盟经贸务实合作呈现逆势增长态势（魏玲，2021）。从双
边贸易规模看，2020 年前 5 个月，中国对东盟实现贸易总规模为 1.7 万亿
元，同比增长 4.2%。其中，对东盟出口额增长 2.8%；自东盟进口额增长
6%，均高于同期中国外贸进出口的整体增速。东盟超过欧盟，历史性成为
我国最大的贸易伙伴，双方形成互为第一大贸易伙伴新格局。中国对东盟贸
易额占全国总量的 14.7%。同期，日本、美国和欧盟分别为 7.3%、11.1%

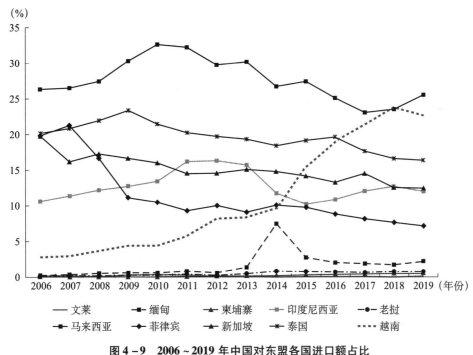

图 4 - 9　2006 ~ 2019 年中国对东盟各国进口额占比

资料来源：国家统计局。

和 13.9%，分别成为我国贸易伙伴的第四位、第三位和第二位。由此可见，东盟是与我国贸易增长率较高的地区，彰显了中国—东盟经贸合作强大的韧性。

在新冠肺炎疫情严重冲击影响下，双方贸易合作仍出现逆势增长态势，其关键原因在于：一是美国单边发动贸易战以来，中美贸易合作呈现收缩态势，在未来的一段时间内，这种态势将会延续。中国与东盟互为重要贸易伙伴，为消解贸易摩擦造成的下降冲击，努力扩大双边贸易，初见成效。二是东盟产业发展步入快速通道，低廉劳动成本比较优势吸引了诸多外资集聚，越南的表现显得格外突出。泰国发展研究所（TDRI）经济情报局数据显示，目前越南已从劳动密集型行业转向高新技术行业，吸引众多中日韩企业投资。越南公布数据显示，2019 年前 11 个月吸收外商直接投资（FDI）协议规模达 318 亿美元，其中，中国投资额达到 102.6 亿美元，在越南外资来源国位居首位。目前，中国已成为泰国第三大投资来源地。2018 年，阿里、京东等与泰国分别签署了经济技术合作方面的协议，领域覆盖电子商务培训、数字业务以及智能仓储物流等方面。三是近年来中国与东盟产业链合作日益增强。由于劳动力价格上升，部分中国、日本以及韩国等企业将在中国设立的工厂迁至越南、马来西亚及泰国等。四是以上仅为产业链延伸至东盟，并未脱离中国，即价值链和产业链的部分环节或片段拓展至东盟，但仍与国内在原料、技术、零部件以及设备支撑等方面保持密切关联。五是伴随中国居民可支配收入日渐提高，消费结构升级，中国对来自东盟的农牧产品等需求增加。此外，东盟还是中国居民旅游的重要目的地。根据东盟数据，2019 年中国游客约占其全部游客的 40%；2018 年，到泰国旅游的中国游客高达 1100 多万人次。六是中国—东盟自由贸易区升级议定书全面生效，与东盟在农产品方面的贸易迅猛增长。2018 年 10月，伴随自贸区升级协议书对全体成员生效，在贸易通关、原产地规则、投资领域以及服务贸易等方面门槛降低，不断释放自贸区制度红利，强有力带动双向投资和双向贸易发展（程成、孙文致，2022）。海关总署数据显示，2020 年1~6 月，双方货物贸易规模达 2978.9 亿美元，同比增长 2.2%，其中，出口规模达到 1640.4 亿美元，大致与上年持平；进口规模达 1338.5 亿美元，较去年增长了 5.0%。上半年东盟取代欧盟，连续 6 个月保持中国第一货物贸易伙伴地位。在新冠肺炎疫情冲击下，双方共建便利人员往来的"快捷通道"，批次相互开展防疫物资支援和医疗设备支持，加快推动企业复工复产达产，始终维持高质量共建"一带一路"合作势头。与此同时，双方不断强化"互联互通"，共同维护"产业链""供应链"安全稳定，共促区域经济全面复苏与稳定健康发展。

部分学者认为，在疫情严重冲击影响下，东盟部分企业担忧对中国产业链依赖度过高而做出调整。事实上，双方企业在产业链合作层面已形成深度合作态势，其他国家在短期内难以取代中国。此外，中国经济高质量衍生出强大的正外溢效应，同时东盟各国已步入新的发展阶段，由此带动区域内外的经贸互动需求增加，借助外资推动本国经济发展和工业化实现。同时，区域全面经济伙伴关系协定（RCEP）正式签署生效，这有力推动了中国与东盟国家的贸易和投资合作，将对国际经济格局解构和重塑产生重大影响。

4.3.3 贸易结构相对集中

为探析中国对东盟商品贸易结构，本书将遵循国际同行通常采取的 HS 编码予以分类并统计，HS 编码采用6位数编码。将全部贸易商品划归为22类98章，其中，编码中的"类"通常按经济部门进行划分。

从中国对东盟出口产品结构看，2019 年在中国对东盟出口贸易占比最高的10类产品中，排名前5的依次为第16类、第11类、第15类、第20类和第6类商品。其中，第16类机电、音像设备及其零件、附件商品出口额高达10870.84亿美元，较之 2005 年的 3222.38 亿美元，增加了 2.37 倍。相对其他产品出口，第16类商品始终保持中国对东盟出口第一地位。位居第二、第三位的依次为第11类纺织原料及纺织制品和第15类贱金属及其制品，2005 年两类产品出口额为 1076.87 亿美元和 571.2 亿美元，到了 2019 年分别快速增至2602.43 亿美元和1826.26 亿美元。但其占比略有降低，其中，第11类商品降低了 3.7%，第15类商品降低了 0.17%。第20类杂项制品出口大致维持在6% 上下范围，排名第四位。此外，第6类化学工业及其相关工业产品出口占比在 5% 左右浮动，位列第五（见表 4 - 10）。

表 4 - 10 中国向东盟出口产品分类

HS 编码分类	2005 年		2010 年		2015 年		2019 年	
	出口额（亿美元）	比例（%）	出口额（亿美元）	比例（%）	出口额（亿美元）	比例（%）	出口额（亿美元）	比例（%）
第16类机电、音像设备及其零件、附件	3222.38	42.27	6984.67	44.31	9650.70	42.31	10870.84	43.58
第11类纺织原料及纺织制品	1076.87	14.13	1995.33	12.66	2734.84	12.00	2602.43	10.43
第15类贱金属及其制品	571.20	7.49	1107.99	7.03	1768.00	7.75	1826.26	7.32
第20类杂项制品	453.58	5.95	885.54	5.62	1561.75	6.85	1794.64	7.19
第6类化学工业及其相关工业的产品	318.61	4.18	740.71	4.70	1058.89	4.64	1302.92	5.22
第17类车辆、航空器、船舶及运输设备	284.68	3.73	888.74	5.64	1070.08	4.69	1118.42	4.48
第7类塑料及其制品；橡胶及其制品	232.96	3.06	495.92	3.15	861.99	3.78	1062.97	4.26

HS 编码分类	2005 年		2010 年		2015 年		2019 年	
	出口额 （亿美元）	比例 （%）	出口额 （亿美元）	比例 （%）	出口额 （亿美元）	比例 （%）	出口额 （亿美元）	比例 （%）
第 18 类光学、医疗等设备；钟表；乐器	283.54	3.72	566.25	3.59	812.50	3.56	796.05	3.19
第 12 类鞋等；羽毛制品；人造花；人发制品	227.71	2.99	439.12	2.79	683.56	3.00	636.29	2.55
第 13 类石料等制品；陶瓷产品；玻璃制品	122.62	1.61	272.12	1.73	552.98	2.42	544.49	2.18

资料来源：根据国务院发展研究中心信息网数据整理。

从中国对东盟进口产品结构看，2019 年在中国对东盟进口贸易占比最高的 10 类产品中，排名前 5 的依次是第 16 类、第 5 类、第 6 类、第 18 类和第 17 类商品。其中，第 16 类机电、音像设备及其零件、附件商品进口最高，达到 6877.11 亿美元，较之 2005 年的 2711.88 亿美元，增加约 1.54 倍。相对其他产品出口，第 16 类商品始终保持中国对东盟进口第一地位。位居第二、第三位的依次为第 5 类矿产品和第 6 类化学工业及其相关工业的产品，2005 年两类产品进口额为 923.33 亿美元和 505.47 亿美元，到了 2019 年分别快速增至 5202.27 亿美元和 1549.18 亿美元。其中，第 5 类商品占比从 13.19% 快速增至 25.09%。第 18 类光学、医疗等设备、钟表和乐器出口进口波动幅度较大，进口额从 2005 年的 511.81 亿美元增至 2019 年的 1033.53 亿美元，但其占比从 7.75% 降至 4.98%，仍保持第四位。此外，第 17 类车辆、航空器、船舶及运输设备进口从 2005 年的 198.53 亿美元迅速增至 2019 年的 973.91 亿美元，增长了 3.9 倍，但其占比大致维持在 5% 左右范围，位居第五（见表 4 - 11）。

表 4 - 11　　　　　　　　　中国向东盟进口产品分类

HS 编码分类	2005 年		2010 年		2015 年		2019 年	
	出口额 （亿美元）	比例 （%）	出口额 （亿美元）	比例 （%）	出口额 （亿美元）	比例 （%）	出口额 （亿美元）	比例 （%）
第 16 类机电、音像设备及其零件、附件	2711.88	41.09	4862.30	34.83	5888.29	35.05	6877.71	33.17
第 5 类矿产品	923.33	13.99	3030.28	21.71	2990.82	17.80	5202.27	25.09
第 6 类化学工业及其相关工业的产品	505.47	7.66	931.77	6.68	1131.33	6.74	1549.18	7.47
第 18 类光学、医疗等设备；钟表；乐器	511.81	7.75	923.36	6.61	1035.53	6.16	1033.53	4.98

续表

HS 编码分类	2005 年		2010 年		2015 年		2019 年	
	出口额 （亿美元）	比例 （%）	出口额 （亿美元）	比例 （%）	出口额 （亿美元）	比例 （%）	出口额 （亿美元）	比例 （%）
第 17 类车辆、航空器、船舶及运输设备	198.53	3.01	655.88	4.70	999.98	5.95	973.91	4.70
第 15 类贱金属及其制品	565.98	8.57	1030.96	7.39	876.66	5.22	964.09	4.65
第 7 类塑料制品；橡胶制品	389.14	5.90	806.30	5.78	797.72	4.75	869.63	4.19
第 2 类植物产品	115.50	1.69	332.41	2.38	598.09	3.56	614.66	2.96
第 14 类天然或养殖珍珠及其制品；仿首饰；硬币	34.71	0.53	108.47	0.78	179.74	1.07	602.57	2.91
第 4 类食品；饮料、酒及醋；烟草、烟草及烟草代用品的制品	34.57	0.52	96.08	0.69	323.50	1.93	268.98	1.30

资料来源：根据国务院发展研究中心信息网数据整理。

4.3.4　贸易地位赶欧超美

根据国家统计局数据，2019 年中国对欧盟贸易规模达 4.86 万亿元，同比增长了 8%；其中出口规模为 2.96 万亿元，进口规模为 1.9 万亿元，欧盟成为中国最大的贸易伙伴。2019 年中国对东盟贸易规模达 4.43 万亿元，同比增长了 14.1%；其中出口规模为 2.48 万亿元，进口规模达到 1.95 万亿元，东盟成为中国第二大贸易伙伴。美国降为我国第三大贸易合作伙伴，2019 年中国出口美国规模为 3.73 万亿元，同比下降了 10.7%；进口规模为 0.85 万亿元，同比减少 17.1%。第四名是日本，2019 年中国对日本贸易规模达到 2.17 万亿元，同比增长了 0.4%；其中，出口规模达到 0.99 万亿元，进口规模为 1.18 万亿元（如图 4 - 10 所示），东盟在不到 3 年时间"赶欧超美"。

4.3.5　警惕产业链加速外迁

2020 年，中国与东盟贸易合作呈现逆势发展态势，目前东盟已超越欧盟成为中国第一大贸易伙伴。尽管由于贸易摩擦所导致的转口贸易短暂拉动双边贸易上升，但在"原产地"监管日趋严格情境下使得这一模式逐渐被退出。

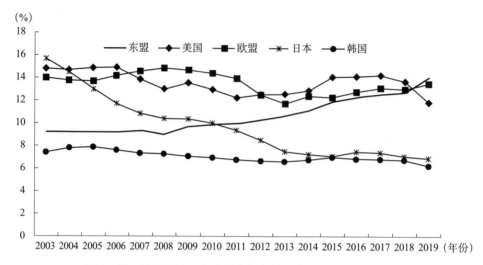

图 4 – 10　2003～2019 年主要贸易伙伴进出口占中国贸易比重

资料来源：国家统计局。

　　相比较而言，由于"产业链外迁"诱发中国 OFDI、资本品以及中间品出口贸易是驱使双方贸易合作的主导力量，但制造业附加值占中国 GDP 比重下降。发达国家如果采取大规模降税等刺激"产业回流"的政策，或加速中国产业链外迁走势，若不能有效予以应对或导致"产业空心化"问题。对此，未来应强化基础研发支出，促进产业向价值链高附加值升级。同时，采取激励措施鼓励产业向我国中西部地区转移，而非一味外迁。此外，还应继续改善营商环境，以更加积极开放和配套优势应对产业链外迁风险与挑战。

　　一是转出口难以持久支撑双边贸易增长。特朗普政府发动对华贸易战后，美国相继对我国采取加征关税措施，中国予以应对，使得贸易壁垒逐日抬升，中国对美贸易出口遭遇严峻挑战。相比较而言，以越南等为代表的东盟国家仍享受美国最惠国待遇，同时贸易监管相对宽松。因此，越南等国进口商加大对我国制成品和半制成品进口，经过加工和组装，打上越南原产地标签，出口至美国。2018 年下半年，越南自中国进口增加 36 亿美元，而对美国出口增加 39 亿美元；2019 年上半年，越南自中国进口增加 58 亿美元，而对美国出口增加 54 亿美元（如图 4 – 11 所示），在数量上比较接近，且远远超过越南对其他贸易伙伴的进出口额变化。之前，未曾出现过进出口额高度趋同现象。

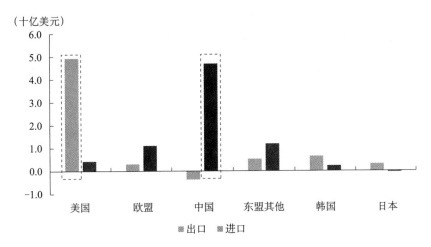

图 4 - 11　2019 年 1~5 月越南对中国进口与对美国出口量

资料来源：越南统计总局。

　　二是越南强化原产地监管致使转出口收缩。目前由于"转口贸易"推动越南对美国货物贸易顺差呈现不断提高态势，2018 年高达 400 亿美元。2019 年 5 月，美国单方面将越南等国列为汇率操纵国名单，并相继采取高压措施。2020 年 12 月，美国商务部对越南货物贸易进出口施加关税，究其原因在于其认为越南盾被低估。基于此，越南政府不断加大"原产地"监管力度，同年 10 月，越南海关检查的大约 43 亿美元铝制半成品，为越南企业由中国进口并转销美国，对此，美国对该部分铝制品出口征收 15% 的关税，远低于较之来自中国的铝制品出口征税的 374%。"原产地规则"使得 2019 年越南自中国进口规模为 46 亿美元，对美国的出口贸易规模达 79 亿美元，二者间的差距日益拉大。2020 年 1~6 月，越南从中国进口较之上年度减少 7 亿美元，但对美国出口增至 40 亿美元，二者之间出现明显的背离，由转出口产生的贸易异常波动消失。此外，根据东盟进出口贸易数据，目前仅有柬埔寨出现过类似越南的转口贸易，但其占东盟总出口规模约 1%，可以忽略。新加坡、泰国和马来西亚等国家均无参与转出口的迹象，且这些国家均表示要加强对转出口的监管和督查。

　　三是产业链外迁助推贸易逆势增长。成本上升叠加中美贸易摩擦，促使中国企业加速布局东盟。近年来，伴随我国劳动力成本、土地等要素价格不断上涨，加上日趋严格的环保监管，致使部分劳动密集型产业链外迁。2018 年以来，伴随中美贸易摩擦升级，为规避美国高关税壁垒和分散产业链风险，国内产业链外迁加速推进。越南、菲律宾、柬埔寨和印度尼西亚等东盟国家不仅能够享受欧美低关税政策，本身还拥有相对低廉且丰富的劳动力资源，以及对外商直接投资提供税收等政策优惠，这些优势强烈吸引中资企业，对东盟直接投资数量显著上升。2019 年，中国对越南投资的注册资本达 51.9 亿美元，同比增长 121%；对印度尼西亚投资达 22.3 亿美元，同比增长 19%；对新加坡投资为 48.26 亿美元（如图 4 - 12 所示）。

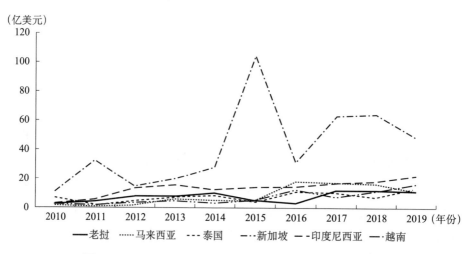

图 4 - 12　2010～2019 年中国对部分东盟国家直接投资流量

资料来源：《2019 年度中国对外直接投资统计公报》。

　　四是东盟增加对华机械设备与中间品进口。东盟多数国家工业基础及其配套设施相对薄弱，外商直接投资快速发展拉动了厂房建设与机械设备采购上升，导致对机械设备进口需求大幅增加。2018 年和 2019 年，印度尼西亚、越南、菲律宾和柬埔寨对我国传统机械的进口显著增加，其中，印度尼西亚和越南已超过新加坡、泰国和马来西亚成为中国机械设备出口的重要目的地。与此同时，东盟对我国中间品的需求也呈明显上升趋势。以纺织品为例，2019 年越南对我国进口 115 亿美元，主要涉及服装面料、纺织机械和化纤；对中国出口规模达到 41 亿美元，其中棉花等天然纤维约占 60%、服装占 31%。从产业链分工与协作视角看，越南向我国出口棉花等初级产品，自中国进口面料、技术密集型化纤以及资本密集型纺织机械等产品，再将生产的劳动密集型产品输出至中国与其他国家，充分发挥并有效利用了自身劳动力资源丰裕优势，形成双赢贸易格局。

五是产业链加速外迁或引致产业空心化。当前，中国产业链外迁与日本、韩国的历史极其相似。20 世纪 70 年代的日本、80 年代的韩国均先后出现产业链外迁。在母国产业链加速外迁的过程中，都伴随对外直接投资与东道国产业承接现象，特别是中间品和机械设备，与目前中国与东盟贸易逆势增长态势高度吻合。从产业链外迁结构来看，都是将在本国失去或即将失去比较优势（多为劳动密集型产业）的全产业或产业环节迁移至海外，且以服装、鞋类和家电等制造业及电子产品加工和组装环节为主。目前，中国对东盟的产业转移同样聚焦以上产业领域。

但与上述国家不同的是，受 2008 年国际金融危机冲击叠加 2020 年全球新冠肺炎疫情严重影响，世界经济增速疲软，欧美等发达国家经济增速放缓，促使发达国家采取减税等优惠政策鼓励产业回流，特别是疫情暴发后全球产业链弱质性特征凸显，产业回迁或转移至邻国的政策导向极为明显。如 2018 年 9 月签署生效的《美墨加协定》明确提出加大汽车等产品"原产地"成分要求，实质为变相鼓励企业生产主要限定于北美三国之内；日本为进一步经济刺激发展，专门划拨 22 亿美元对制造商等进行补贴，鼓励企业将生产基地迁出中国并转移至日本或东南亚地区，首批回流至日本的企业有 57 家，主要包括与防疫有关的医疗器械、医药和纺织等行业；欧盟国家在加大产业回迁支持力度的同时，还要求贸易伙伴国（如越南）在其产品出口中附加原产地比例条款，暗含将产业链多元化布局考虑。

六是应高度警惕制造业产业空心化。中国制造业产值占国内生产总值的比重由 2007 年的 32.45% 大幅降至 2015 年的 28.95%，到了 2019 年更降至 27.17%，值得高度重视（如图 4 - 13 所示）。日本、韩国等国的先行经验表明，产业结构调整和优化合理，产业链外迁或不必然导致产业空心化现象。但是，如果与美国和巴西等国家一样产业链外迁过快，国内新兴产业不能有效弥补产业转移的空缺，经济脱实向虚，将产生制造业"产业空心化"问题。其后果是：美国企业生产率快速下降或停滞不前，失业率大幅上升，贫富差距不断扩大；巴西经济服务化倾向突出，陷入"中等收入陷阱"。

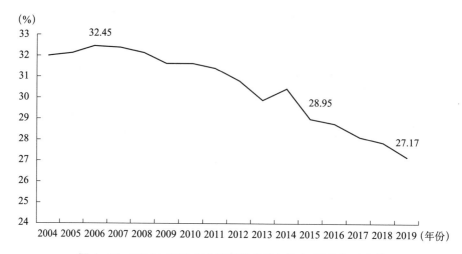

图 4 - 13　2004 ~ 2019 年中国制造业增加值占 GDP 比重走势

资料来源：国家统计局。

　　综上分析可见，中国企业加大对东盟 OFDI 力度，在显著拉动了双边投资贸易合作快速增长的同时，也蕴含着产业链加速外迁进而导致产业空心化风险，值得高度警惕。产业链转移或外迁一般表明企业的撤离，由此产生本地失业率增加和税收减少。在新冠肺炎疫情严重冲击下，中国经济遭遇严重影响，以服装、纺织等为代表的传统劳动密集型行业生产遭受极大破坏，正面临产业加速转移问题，进而导致当地居民收入水平下降及面临高失业风险，需要采取有力措施予以应对。从中长期来看，如果我国制造业陷入产业空心化困境，必将进一步加剧经济下行压力，给我国经济社会稳定发展和综合竞争力提升带来一定阻碍。

　　应对产业链快速外迁风险与挑战，应采取合理举措加快推动产业转型升级，如加强基础研究和研发投入、着力发展高新技术产业以及现代服务业等，鼓励产业向数字化方向转型；根据中西地区实际，制定差异化产业吸引政策，鼓励东部和国际产业向中西部地区转移；进一步改进和完善营商环境，以更加开放和更加优越的配套措施，着力提升对外资的吸引力和牵引力，应对发达国家引导产业回流的压力。

4.4　中国对东盟 OFDI 的贸易效应初步研判

综上分析可知，伴随中国对东盟投资快速增长，投资存量从 2003 年的 5.87 亿美元到 2019 年的 1098.91 亿美元，增长了约 186.20 倍。与此同时，中国对东盟进出口贸易也实现了迅猛发展，其中对东盟出口额从 2003 年的 309.27 亿美元快速增至 2019 年的 3595.11 亿美元，增加了 10.62 倍；对东盟进口从 2003 年的 473.28 亿美元迅速提高至 2019 年的 2821.82 亿美元，增长了 4.96 倍（如图 4 – 14 所示）。2020 年 1 ~ 9 月，中国对东盟 OFDI 达到 107.2 亿美元，同比增长 76.6%，其中新加坡、印度尼西亚和老挝分别为前 3 大投资目的国。与此同时，中国对东盟出口规模达到 2670.9 亿美元，同比增长 4.9%；自东盟进口规模为 2147.2 亿美元，同比增了长 5.1%。越南、马来西亚和泰国为中国在东盟的前 3 大贸易伙伴。分析表明，中国对东盟直接投资与对东盟进出口贸易之间呈现明显的趋同性变化规律，但究竟二者之间蕴含怎样关联？影响程度如何？本书将通过实证分析进一步揭示其内在关联度。

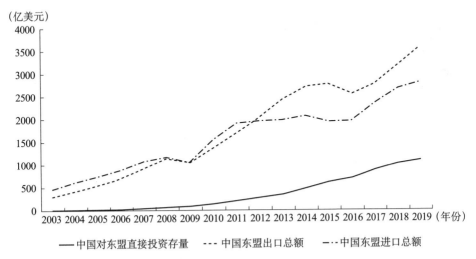

图 4 – 14　2003 ~ 2019 年中国对东盟直接投资与贸易关系走势

资料来源：根据《2019 年度中国对外直接投资统计公报》与国家统计局相关数据整理。

4.5　本章小结

经贸合作是中国东盟关系的"压舱石"。本章在对中国与东盟 OFDI 和贸易务实合作规模、结构、地位等进行系统分析的基础上，研究发现中国对东盟 OFDI 与对外贸易之间具有显著的趋同性特点。由此可以初步判断，中国对东盟国家直接投资，或带动了进出口贸易发展。定性分析与研究预期存在高度吻合，为进行定量研究提供了坚实理论基础。

第5章 中国对东盟OFDI的
贸易效应实证研究

理论研究和实践分析表明,对外直接投资与母国进出口贸易规模及其结构之间存在紧密的关联。2002年中国与东盟正式签署《中国与东盟全面经济合作框架协议》,特别是2010年《中国—东盟自贸区投资协议》正式生效后,双边投资和贸易合作不断深化。东盟统计数据显示,中国对东盟OFDI由2010年的36亿美元迅速提高至2019年的91亿美元,9年间增长了2.53倍,占东盟吸引外资总规模的5.7%,增幅高达185%。2019年,中国已发展成为东盟第4大外资来源国。与此同时,中国对东盟货物贸易规模从2010年的2355亿美元迅速增至2019年的5079亿美元,9年间增长了1.16倍。自2009年起,中国一直保持对东盟最大的贸易伙伴地位,在新冠肺炎疫情暴发且持续蔓延形势下,2020年前三个季度中国和东盟进出口贸易逆势增长5%,而东盟创历史纪录成为我国最大贸易伙伴,形成双方互为第一大贸易伙伴新局面。由此可见,伴随中国对东盟OFDI不断增长,对其进口贸易也呈现出快速增长的态势。究竟其影响程度和大小怎样,还需要通过实证研究予以进一步明确。

5.1 OFDI的贸易规模效应

5.1.1 模型构建

引力模型源自物理学的万有引力定律,但作为分析探讨国际要素资源流动的标准范式,由丁伯根(Tinbergen,1962)率先引入国际贸易相关研究领域。传统引力模型强调,一国与另一国贸易规模与其GDP总量存在正相关,但与两国间地理距离具有负相关关系。以此为基础，探索建立引力模型以考量我国对东盟 OFDI 的贸易效应及其水平。传统的引力模型主要包括东道国总产出、母国与东道国距离以及东道国人均收入水平的因素，但既有研究发现：东道国的政治环境、法律环境、监管环境等因素对母国投资与贸易的影响日益显著（姚战琪，2016）。同时，东盟十国之间的经济发展水平、产业结构以及风俗文化等存在差异明显。基于此，本节借鉴凯末尔（Türkcan，2007）等研究，运用拓展传统的引力模型，即在传统模型中纳入政府稳定、腐败控制、法律规则及政府效率等变量，以刻画和描述东道国制度等多重因素对双边贸易规模和产品结构的影响。此外，在实证研究中引入了时间与个体效应，同时考虑到加入两国距离变量，或出现多重共线性现象，致使变量难以估计，故而在研究中忽略该变量。改进后的模型表述如下：

$$\ln EXPORT_{ijt} = \alpha_0 + \alpha_1 \ln OFDI_{ijt} + \alpha_2 \ln GDP_{it} + \alpha_3 \ln GDP_{jt}$$
$$+ \alpha_4 \ln POP_{it} + \alpha \sum X + \eta_i + \eta_t + \varepsilon_{it} \qquad (5-1)$$

$$\ln IMPORT_{ijt} = \alpha_0 + \alpha_1 \ln OFDI_{ijt} + \alpha_2 \ln GDP_{it} + \alpha_3 \ln GDP_{jt}$$
$$+ \alpha_4 \ln POP_{it} + \alpha \sum X + \eta_i + \eta_t + \varepsilon_{it} \qquad (5-2)$$

式（5-1）和式（5-2）中，被解释变量分别为 $\ln EXPORT_{ijt}$ 和 $\ln IMPORT_{ijt}$，利用我国 j 与东盟成员国 i 间的出口贸易值和进口贸易值的对数表示；OFDI 用中国对东盟直接投资的存量数据测度并取对数；其余为控制变量，其中用 GDP_{jt} 代表中国 GDP 总量并取对数，GDP_{it} 为东盟国家 GDP 总量并取对数，以此代表双边市场规模。与此同时，在控制变量中引入东道国的政治环境、腐败控制、法律状况以及政府效率等不同变量，以刻画其投资环境（见表 5-1）。另外，模型中的 η_i 和 η_t 分别代表控制国的固定及时间效应的虚拟变量，代表不随时间变动的影响因素，以及特定年份的宏观因素；ε_{it} 表示随机误差项（边婧、张曙霄，2020）。

表 5-1　　　　　　　　　　主要变量及其测度方法

变量	变量名称	测度方法
lnOFDI	对外直接投资	对外直接投资存量（亿美元）取对数
lnEXPORT	中国对东盟国家出口额	中国对东盟国家出口额（亿美元）取对数
lnIMPORT	中国对东盟国家进口额	中国对东盟国家出口额（亿美元）取对数

续表

变量	变量名称	测度方法
lnGDPZ	东道国国内生产总值	东道国当年国内生产总值（亿美元）取对数
lnGDPD	中国国内生产总值	中国当年国内生产总值（亿元）取对数
lnPOP	东道国总人口数	东道国当年总人口数取对数
PSV	政治稳定与没有暴力	数据取值 [−2.5, 2.5]
CC	腐败控制	数据取值 [−2.5, 2.5]
RL	法制	数据取值 [−2.5, 2.5]
RQ	监管质量	数据取值 [−2.5, 2.5]
GE	政府效率	数据取值 [−2.5, 2.5]

5.1.2　数据来源及说明

本节选取的样本时间范围为 2003~2019 年。其中，中国对东盟 OFDI 主要源自历年《中国对外直接投资统计公报》；中国与东盟各国 GDP 数据以及人口数据主要源自历年《中国统计年鉴》；东盟各国政治环境、腐败控制、法制、监管质量及政府效率数据来自世界银行数据库 WGI。关键变量描述性统计结果输出见表 5−2。

表 5−2　　　　　　　　　　　主要变量描述性统计

变量	样本量	平均值	标准差	最小值	最大值
lnEXPORT	170	13.361	1.863	8.128	16.096
lnIMPORT	170	12.922	2.300	7.021	15.788
lnOFDI	170	11.110	2.308	2.564	15.476
lnGDPZ	170	20.223	0.699	18.927	21.083
lnGDPD	170	15.906	1.597	12.217	18.533
lnPOP	170	16.939	1.796	12.775	19.416
PSV	170	−0.167	0.925	−2.094	1.615
CC	170	−0.272	1.003	−1.672	2.325
RL	170	−0.211	0.892	−1.739	1.878
RQ	170	−0.240	0.991	−2.344	2.260
GE	170	0.112	1.014	−1.671	2.436

5.1.3　实证结果及分析

表 5 – 3 给出了我国对东盟直接投资对进出口贸易影响的回归结果。其中，第 2 列估计系数明显为正值（0.074），且在 5% 的置信水平上表现显著，这说明我国对东盟国家直接投资对我国与这十国的出口产生明显的促进作用，表现为出口创造效应。伴随东盟国家经济的快速发展，我国对其直接投资不仅促进了这些国家的经济发展，更加深了与其的经济交往。与之相伴，我国对东盟的直接投资带动了这些国家对我国产品的需求，进而带动了出口贸易增加。第 3 列估计系数显著为正（0.048），但在 10% 置信水平上并不显著，这表明我国在东盟国家的直接投资并未表现出反向进口效应。

表 5 – 3　　　　　中国对东盟 OFDI 的贸易规模效应回归结果

变量	lnEXPORT	lnIMPORT
lnOFDI	0.074 ** (2.10)	0.048 (0.78)
lnGDPZ	0.886 *** (8.65)	0.375 *** (2.69)
lnGDPD	− 0.212 ** （− 1.98）	0.576 *** (3.22)
lnPOP	1.079 *** (11.72)	0.544 *** (3.69)
PSV	0.028 (0.37)	− 0.206 （− 1.46）
CC	0.454 *** (3.19)	− 0.731 *** （− 3.22）
RL	0.561 * (1.86)	2.122 *** (5.38)
RQ	− 0.063 （− 0.61）	− 0.156 （− 0.80）
GE	0.574 ** (0.037)	0.110 (0.29)
常数项	− 20.141 *** （− 9.98）	− 13.432 *** （− 5.10）
样本量	170	170
调整的 R^2	0.949	0.908

注：*** 、** 和 * 分别表示在 1%、5% 和 10% 水平上显著；括号内为 t 统计量。

5.2　OFDI 的贸易结构效应

关于贸易产品结构的分类标准，本节根据联合国贸易统计数据中的 SITC. Rev4 标准进行分类，将 SITC0 – 4 章确定为初级产品；SITC5 – 9 章确定为工业制成品，其中第 5 章和第 7 章为资本及技术密集型产品；第 6 章和第 8 章为资源及劳动密集型产品。基于这一分类标准，对中国对东盟各国直接投资的贸易结构效应进行实证分析（李晓钟、徐慧娟，2018）。

5.2.1　模型构建

关于中国对东盟各国直接投资贸易结构效应的实证模型，同上，运用拓展的引力模型予以研究。具体表述如下：

$$\ln EXPORT_{ijt} = \beta_0 + \beta_1 \ln OFDI_{ijt} + \beta_2 \ln GDP_{it} + \beta_3 \ln GDP_{jt}$$
$$+ \beta_4 \ln POP_{it} + \beta \sum X + \eta_i + \eta_t + \varepsilon_{it} \qquad (5 - 3)$$

$$\ln IMPORT_{ijt} = \beta_0 + \beta_1 \ln OFDI_{ijt} + \beta_2 \ln GDP_{it} + \beta_3 \ln GDP_{jt}$$
$$+ \beta_4 \ln POP_{it} + \beta \sum X + \eta_i + \eta_t + \varepsilon_{it} \qquad (5 - 4)$$

式（5 – 3）和式（5 – 4）中，被解释变量分别为 $\ln EXPORT_{ijt}$ 和 $\ln IMPORT_{ijt}$，这里将产品出口划分为初级产品出口与工业制成品出口（覆盖资本与技术密集型产品出口、资源与劳动密集型产品出口），将产品进口划分为初级产品进口和工业制成品进口（涉及资本与技术密集型产品进口、资源与劳动密集型产品进口），并用中国 j 与东盟各国 i 间的出口值和进口值的对数表示；OFDI 用中国对东盟各国直接投资的存量数据测度并取对数；其余为控制变量，其中用 GDP_{jt} 表示中国国内生产总值并取对数，GDP_{it} 为东盟国家国内生产总值并取对数，表示双边市场规模。此外，在控制变量中还加入了东道国的政治环境、腐败控制、法律状况以及政府效率等变量，以刻画其投资环境（内涵同表 5 – 1）。另外，模型中的 η_i 和 η_t 分别表示控制国的固定效应和时间效应的虚拟变量，表示不随时间变化的影响因素，以及特定年份的宏观影响因素；ε_{it} 为随机误差项。

5.2.2 数据来源及说明

考虑到数据的可获取性等问题，本节选取的样本时间范围为 2007 ~ 2019 年。其中，中国对东盟 OFDI 主要源自历年《中国对外直接投资统计公报》；中国与东盟各国的 GDP 数据和人口数据源自历年《中国统计年鉴》；东盟各国的政治环境、腐败控制、法制、监管质量以及政府效率等数据主要源自世界银行 WGI 数据库；中国对东盟各国进出口产品的相关数据主要来自 UN Comtrade 数据库。

1. OFDI 的出口结构效应

按照上述贸易产品结构分类标准，对代表出口产品结构的主要变量进行刻画，其描述性统计结果见表 5 - 4。

表 5 - 4　　　　　　　　主要变量描述性统计（产品出口）

变量	样本量	平均值	标准差	最小值	最大值
lnCJEXPORT	130	11.005	2.227	5.864	13.845
lnGYEXPORT	130	13.797	1.508	9.268	16.014
lnZJEXPORT	130	13.099	1.624	8.331	15.437
lnZLEXPORT	130	13.003	1.529	7.957	15.178
lnOFDI	130	11.927	1.728	6.082	15.476
lnGDPZ	130	20.545	0.429	19.687	21.083
lnGDPD	130	16.137	1.529	12.953	18.533
lnPOP	130	16.967	1.793	12.834	19.416
PSV	130	-0.126	0.899	-1.778	1.615
CC	130	-0.243	0.987	-1.672	2.247
RL	130	-0.175	0.874	-1.547	1.878
RQ	130	-0.193	0.966	-2.267	2.260
GE	130	0.151	1.008	-1.617	2.436

从表 5 - 5 可以看出，我国对东盟各国直接投资对工业制成品的总出口（ - 0.229）及其资源与劳动密集型产品的出口（ - 0.451）具有显著的出口替代效应，也即降低了以上产品的出口，且在 1% 置信水平上显著。然而，对初级产品的出口为正（0.026）和资本与技术密集型产品的出口为负（ - 0.029），且两者均不显著，并未表现出显著的出口创造或出口替代效应。

表 5 - 5　　　　　中国对东盟各国 OFDI 的出口贸易结构效应

变量	初级产品	工业制成品		
		工业制成品总额	资本与技术密集型产品	资源与劳动密集型产品
lnOFDI	0.026 (0.44)	- 0.229 *** (-3.19)	- 0.029 (-0.41)	- 0.451 *** (-5.34)
lnGDPZ	0.761 *** (4.71)	0.943 *** (4.94)	0.411 ** (2.11)	1.520 *** (6.77)
lnGDPD	- 0.316 * (-1.97)	0.258 (1.36)	0.281 (1.45)	0.253 (1.13)
lnPOP	1.566 *** (11.06)	0.684 *** (4.09)	0.664 *** (3.89)	0.760 *** (3.86)
PSV	- 0.075 (-0.61)	0.309 ** (2.11)	0.111 (0.75)	0.478 *** (2.78)
CC	0.753 *** (3.87)	0.212 (0.93)	0.113 (0.49)	0.319 (1.18)
RL	1.532 *** (4.15)	2.138 *** (4.90)	2.527 *** (5.67)	1.974 *** (3.84)
RQ	- 0.287 * (-1.87)	0.129 (0.7)	- 0.222 (-1.20)	0.384 * (1.80)
GE	0.224 (0.71)	- 1.307 *** (-3.48)	- 1.213 *** (-2.93)	- 1.560 *** (-3.53)
常数项	- 26.068 *** (-8.95)	- 17.942 *** (-5.00)	- 10.204 *** (-2.79)	- 29.049 *** (-6.88)
样本量	130	130	130	130
调整的 R^2	0.952	0.856	0.871	0.806

注：***、** 和 * 分别表示在 1%、5% 和 10% 水平上显著；括号内为 t 统计量。

2. OFDI 的进口结构效应

遵循产品出口效应分析步骤，对中国对东盟各国直接投资进口贸易的结构效应进行研究。按照贸易产品结构分类标准，对表示进口产品及其结构的关键变量进行考量，其描述性统计输出结果见表 5 -6。

表 5 -6　　　　　主要变量描述性统计（产品进口）

变量	样本量	平均值	标准差	最小值	最大值
lnCJIMPORT	130	12.250	1.741	7.786	14.745
lnGYIMPORT	130	12.352	2.902	2.222	15.564
lnZJIMPORT	130	11.376	3.617	1.648	15.366
lnZLIMPORT	130	10.639	3.286	0.257	14.053
lnOFDI	130	11.927	1.728	6.082	15.476

续表

变量	样本量	平均值	标准差	最小值	最大值
lnGDPZ	130	20.545	0.429	19.687	21.083
lnGDPD	130	16.137	1.529	12.953	18.533
lnPOP	130	16.967	1.793	12.834	19.416
PSV	130	-0.126	0.899	-1.778	1.615
CC	130	-0.243	0.987	-1.672	2.247
RL	130	-0.175	0.874	-1.547	1.878
RQ	130	-0.193	0.966	-2.267	2.260
GE	130	0.151	1.008	-1.167	2.436

从表 5-7 可以看出，我国对东盟各国直接投资对初级产品进口（0.309）、工业制成品的总进口（0.482）及其资源与劳动密集型产品的进口（0.836）具有显著的反向进口效应，增加了以上产品进口，且均在 1% 置信水平上显著。对资本与技术密集型产品的进口为正（0.102），但不显著，并未表现出显著的反向进口效应。

表 5-7　　　　　中国对东盟各国 OFDI 的进口贸易结构效应

变量	初级产品	工业制成品		
		工业制成品总额	资本与技术密集型产品	资源与劳动密集型产品
lnOFDI	0.309 *** (3.69)	0.482 *** (3.97)	0.102 (0.75)	0.836 *** (6.54)
lnGDPZ	-0.368 (-1.65)	1.185 *** (3.67)	1.815 *** (5.02)	-0.596 * (-1.75)
lnGDPD	1.004 *** (4.53)	-1.216 *** (-3.79)	-1.150 *** (-3.20)	-0.538 (-1.59)
lnPOP	0.042 (0.22)	1.927 *** (6.81)	2.328 *** (7.35)	1.493 ** (5.01)
PSV	0.036 (0.21)	-1.417 *** (-5.72)	-1.088 *** (-3.92)	-0.496 * (-1.90)
CC	-0.613 ** (-2.28)	-0.683 * (-1.76)	-1.539 *** (-3.53)	-0.665 (-1.62)
RL	0.963 * (4.15)	1.957 *** (2.65)	2.076 ** (2.51)	0.927 (1.19)
RQ	-0.701 *** (-3.30)	-0.467 (-1.52)	-0.591 * (-1.72)	0.771 ** (2.38)
GE	0.239 (0.55)	3.063 *** (4.83)	4.832 *** (6.79)	0.869 (1.30)

续表

变量	初级产品	工业制成品		
		工业制成品 总额	资本与技术 密集型产品	资源与劳动 密集型产品
常数项	-0.942 (-0.22)	-31.378 *** (-5.17)	-49.077 *** (-7.22)	-3.787 (-0.59)
样本量	130	130	130	130
调整的 R^2	0.852	0.889	0.910	0.904

注：*** 、** 和 * 分别表示在 1%、5% 和 10% 水平上显著；括号内为 t 统计量。

总体上看，中国对东盟 OFDI 的贸易效应存在显著性差异。具体来讲，在贸易规模上，表现为显著的"出口创造"效应，但"反向进口效应"不显著；在贸易结构上，对工业制成品总额及其资源和劳动密集型行业的产品存在明显的出口替代效应，但出口创造效应不明显。此外，对初级产品、工业制成品总额及其资源与劳动密集型行业的产品呈现出明显的反向进口效应，但是对于资本和技术密集型行业产品的反向进口效应表现并不显著。

5.3　本章小结

基于拓展的贸易引力模型，从贸易规模及其产品结构两大视角实证考量中国对东盟 OFDI 的贸易效应，研究结果发现如下规律：一是从贸易规模来看，中国对东盟 OFDI 表现出显著的出口创造效应，且每增加 1 单位的直接投资可以带动 0.074 单位的出口，但其反向进口效应不显著；二是从贸易结构看，中国对东盟各国直接投资对工业制成品总额及其资源与劳动密集型产品具有显著出口替代效应，且每增加 1 单位的直接投资可分别降低 0.229 单位和 0.451 单位的出口，但对初级产品和资本与技术密集型产品没有表现出显著的出口创造或替代效应。此外，中国对东盟各国直接投资对初级产品、工业制成品总额及其资源与劳动密集型产品进口具有显著的反向进口效应，且每增加 1 单位的直接投资可以分别产生 0.309 单位、0.482 单位和 0.836 单位进口，但对资本与技术密集型产品进口，并未表现出明显的反向进口效应。

第6章 中国—东盟自由贸易区高质量共建

自由贸易协定是世界贸易体系的重要力量，自由贸易区是区域合作的主要方式。2002 年 11 月，中国与东盟正式签署了《全面经济合作框架协议》，开启中国—东盟自贸区建设新进程（谭宓、李世美等，2022）。2010 年 1 月，中国—东盟自贸区全面建成（张建平、董亮，2021）。2014 年，双方开启了自贸区升级谈判。至 2015 年 11 月，双方正式签署了《关于修订〈中国—东盟全面经济合作框架协议〉及项下部分协议的议定书》，这标志着中国—东盟自贸区升级谈判正式结束。2019 年 10 月，中国－东盟自贸区升级议定书全面生效。同年 11 月，15 个成员国签署生效了《区域全面经济伙伴关系协定》（RCEP）。依托中国与东盟建立的领导人会议、外长会、部长级会议和高官会等对话合作机制，双方投资和贸易合作步入快速发展阶段（郭晶、李光辉，2016）。

商务部数据显示，截至 2019 年，中国与东盟双向投资规模达到 2369.1 亿美元，其中，中国对东盟投资总规模为 1123.0 亿美元，东盟对中国投资总规模为 1246.1 亿美元。双方双向 OFDI 存量呈大幅增长态势。2019 年，中国对东盟 OFDI 达 93.9 亿美元，同比下降了 7.0%，东盟对中国 OFDI 为 78.8 亿美元，同比增长了 37.7%，远高于 2018 年 12.5% 的增速。截至 2019 年，东盟已连续 2 年成为中国第二大资本输出目的地，而东盟则是中国第三大投资来源地，仅次于中国香港和英属维尔京群岛。同年，中国—东盟贸易规模实现 6414.6 亿美元，同比增长了 9.2%。其中，中国对东盟出口贸易达 3594.2 亿美元，同比增长了 12.7%；从东盟进口规模实现 2820.4 亿美元，同比增长了 5.0%。至此，中国已连续 11 年成为东盟最大的贸易伙伴，而东盟则上升成为仅次于欧盟的中国第二大贸易伙伴。2020 年，在新冠肺炎疫情严重冲击下，东盟一跃成为中国最大的大贸易伙伴。由此可见，中国与东盟国家毗邻，经济的互补性较强，双方合作的空间广、潜力大，前景未来可期。

6.1　自贸区建设运行及成效

2010 年至今，中国—东盟自由贸易区（CAFTA）已全面建成 10 周年，本节主要对中国—东盟自贸区建设进程中的重大事件及合作成效进行全面梳理，同时就中国与东盟各国在疫情肆虐下深入推动自贸区建设发展情况予以总结。

6.1.1　自贸区发展与演变

2002 年 11 月，中国与东盟正式签署生效《中国与东盟全面经济合作框架协议》（以下简称《框架协议》），这标志着中国—东盟自贸区建设正式启动，同时双方致力于到 2010 年全面建成中国—东盟自由贸易区。基于此，中国与东盟各国分别于 2004 年、2007 年和 2009 年正式签署了《货物贸易协议》《服务贸易协议》以及《投资协议》。2003 年 7 月，《框架协议》正式生效，此外，分别于 2003 年、2006 年、2012 年以及 2015 年对该协议进行了补充和修订。根据新修订的《框架协议》，2004 年 1 月，中国—东盟自贸区开始实施"早期收获计划"，对其中的 500 种农产品关税进行下调。2005 年 7 月，《中国—东盟自贸区货物贸易协议》正式生效并实施，同时大量的贸易产品进行下调关税，涉及约 7000 种产品。此后，经修订不断丰富和完善，主要涉及技术性贸易壁垒、动植物卫生检验检疫等关键内容。特别是市场准入层面，中国与东盟 6 个成员国实现 91.9% 以上的产品零关税，其余成员国也依据协定相关的承诺逐步开展实现零关税。2007 年，《中国—东盟自贸区服务贸易协议》正式生效。2011 年《关于实施中国—东盟自贸区〈服务贸易协议〉第二批具体承诺的议定书》签署并于 2012 年 1 月生效；2010 年《中国—东盟自贸区投资协议》正式生效。此外，东盟国家还先后与日本、印度、韩国、澳大利亚、新西兰、欧盟以及中国香港举办自贸区或全面经济合作框架协议谈判，并相继实施（见表 6-1）。

表 6 – 1　　　　　　　　　　中国与东盟签订 FTA/EPA 情况

序号	协定名称	主要议题
1	中国—东盟自贸协定	2002 年 11 月签署《全面经济合作框架协议》，2003 年 7 月生效 2004 年 11 月签署《货物贸易协议》和《争端解决机制协议》，2005 年 7 月生效 2007 年 1 月签署《服务贸易协议》，同年 7 月生效 2009 年 8 月签署《中国—东盟自贸区投资协议》，2010 年 2 月生效 2015 年 11 月签署升级《议定书》，2016 年生效，并于 2019 年 10 月对中国和东盟十国全面生效
2	东盟—日本全面经济伙伴协定（AJCEP）	2003 年 10 月签署《全面经济合作框架协议》 2008 年 4 月签署《全面经济伙伴（EPA）协议》，同年 12 月生效 新加坡、泰国、马来西亚、文莱、印度尼西亚、菲律宾和越南 7 国分别与日本单独达成 EPA 协议
3	东盟—印度自贸协定	2003 年 10 月签署《全面经济合作框架协议》 2009 年 8 月签署《货物贸易协议》《争端解决机制协议》和《全面经济合作框架协议的修正》，2010 年 1 月生效
4	东盟—韩国自由贸易协定（AKFTA）	2005 年 12 月签署《全面经济合作框架协议》及框架下《争端解决机制》，2007 年 6 月生效 2006 年 8 月签署《货物贸易协议》（泰国未签字），2007 年 6 月生效 2007 年 11 月签署《货物贸易协议》（泰国未签字），2009 年 5 月生效 2009 年 5 月签署《投资协议》《关于泰国加入服务贸易协议的议定书》和《关于泰国加入货物贸易协议的议定书》，同年 9 月生效
5	东盟—澳大利亚—新西兰自贸协定（AANZFTA）	2009 年 2 月签署《建立东盟—澳大利亚—新西兰自由贸易区的协定》，2010 年 1 月生效
6	东盟—欧盟自贸协定	2007 年 5 月启动 FTA 谈判，2009 年 5 月暂停
7	东盟—中国香港自贸协定	2017 年 11 月签署《自贸协定》和《投资协定》，2019 年 6 月两份协定生效，2021 年 2 月全面生效
8	东盟—印度货物贸易协定（AITIGA）	2010 年 1 月签署《东盟—印度货物贸易协定》
9	东盟—印度服务贸易协定	2014 年 11 月签署《东盟—印度服务贸易协定》
10	区域全面经济伙伴关系协定（RCEP）	2012 年 11 月，东盟十国与中国、日本、韩国、澳大利亚、新西兰、印度领导人宣布启动 RCEP 谈判 2019 年 11 月，第三次 RCEP 领导人会议宣布东盟十国与中国、日本、韩国、澳大利亚、新西兰结束全部 20 个章节的文本谈判以及实质上所有市场准入问题的谈判 2020 年 11 月，东盟十国与中国、日本、韩国、澳大利亚和新西兰共同签署协定

资料来源：根据东盟秘书处网站资料整理。

2015 年 11 月，中国与东盟签署了《中国与东盟关于修订〈中国—东盟全面经济合作框架协议〉及项下部分协议的议定书》（以下简称《议定书》），并于 2016 年 7 月 1 日正式生效。升级《议定书》重点就"原产地"规则等章节予以修改，同时在《货物贸易协议》中新增了有关海关程序以及贸易便利化等章节，主要涉及《服务贸易协议》中新增了第三批具体承诺（陈庭翰、连晗羽，2020）；《投资协议》中新增了投资促进及其便利化条款；对《框架协议》中的经济技术合作相关的原则和领域进行扩充。升级的《议定书》还就关于货物贸易的深度自由化、产品特定原产地规则完善以及投资自由化和保护等事项进行补充和完善（王勤、赵雪霏，2020）。2019 年，升级《议定书》全面生效（中国—东盟自贸区 2.0 版）。根据相关安排，2019 年 8 月包括产品特定原产地规则等相关议题正式实施。在 2020 年 8 月第 19 届中国—东盟经贸部长会议上，各国部长依据自贸区联委会的相关提议，批准落实了相关的议题安排，包括覆盖完成 RCEP 协定签署，如关于进一步推动货物贸易自由化；关于投资自由化与保护方面，根据 RCEP 等既有自贸协定，磋商并进一步升级路径（如图 6 – 1 所示）。此外，还就其他开展互利共赢的领域进行商讨（见表 6 – 1）。与此同时，会议进一步明确未来中国—东盟自贸区的全部成员都应加入未来相关工作计划的讨论，东盟计划在年底前提交一份有关进一步推动货物贸易自由化的报告（陶蕾、宋周莺，2022）。此外，中国与东盟还就将涉及菲律宾第三批服务贸易的有关具体承诺纳入升级《议定书》范畴进行商讨。

6.1.2 自贸区运行的绩效

自贸区建设与高质量发展，对进一步稳定中国与东盟投资贸易务实合作具有重要作用，这种基于制度和政策约束的合作模式对提升双方合作成效意义重大。

一是自由化水平进一步提升。如深度拓宽零关税覆盖范围，进一步降低或削减贸易壁垒，压减部分敏感性产品的领域。同时，从货物贸易领域逐渐拓展至服务贸易、投资、金融领域在内的多元化合作领域。由此，双方需共同推动高质量共建中国—东盟自贸协定，对于推动形成以制度模式构建一个长期稳定的产业链和供应链合作机制意义重大，有利于进一步强化双方经贸务实合作。

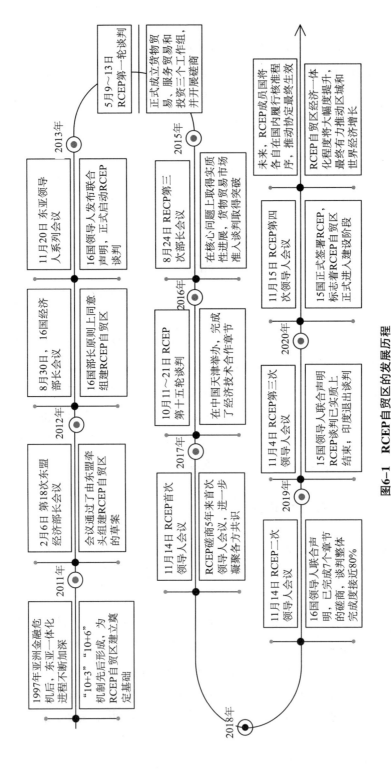

图6-1 RCEP自贸区的发展历程

资料来源：《RCEP自贸区的建立及其成员国间贸易演化》。

　　二是自贸协定制度红利凸显。中国海关数据显示，2009 年以来中国一直保持东盟最大的贸易伙伴地位；根据东盟统计数据，2019 年双边货物贸易总规模达 5079 亿美元（占东盟贸易规模的 18%），相较于 2010 年的 2355 亿美元，增长了 1.16 倍，约为 2005 年的 4 倍。中国统计数据显示，在新冠肺炎疫情暴发并持续发酵背景下，2020 年前三个季度双方贸易总规模逆势增长了 5%，至此，双方形成互为第一大贸易伙伴的新局面。此外，2019 年中国从东盟货物进口贸易中，可享受优惠关税的额度同比增长了 9.6%，占我国进口享惠总量的 49%，中国与东盟双方服务贸易规模达 657 亿美元。如越南是全球大米出口国，咖啡、腰果、胡椒、水产品、林木制品是越南颇具优势的出口商品，覆盖世界 100 个国家和地区。农林水产品主要出口中国、东盟、美国、日本、欧盟等国家和地区。农产品贸易是中越贸易的关键内容。多年来，中国都是越南农产品出口的主要市场之一，对中国的出口占越南总出口的 40% ~ 70%，其中，蔬果占 70%，大米占 22%。此外，根据东盟统计数据，中国对东盟 OFDI 由 2010 年的 36 亿美元迅猛增至 2019 年的 91 亿美元（占东盟吸引 FDI 总规模的 5.7%），增幅高达 185%。2019 年，中国成为东盟第 4 大外资来源地；2020 年，双向投资总规模达 3000 亿美元，双方互为重要外资来源地。

　　此外，从中国—东盟自贸区投资与贸易合作成效看，明显高于其他 4 个自贸区。据东盟统计数据，2010 ~ 2018 年，中国—东盟自贸区外商直接投资年均增长率为 14.3%，进出口贸易年均增长率为 9.4%（见表 6 - 2）。

表 6 - 2　　2010 ~ 2018 年中国—东盟自贸区（FTA）投资和贸易情况

自贸区	外商直接投资（FDI）			进出口贸易		
	2010 ~ 2018 年均增长率（%）	2018 年 FDI（亿美元）	占东盟 FDI 比重（%）	2010 ~ 2018 年均增长率（%）	2018 年贸易额（亿美元）	占东盟 FDI 比重（%）
中国—东盟 FTA	14.3	102	6.6	9.4	4831	17.2
日本—东盟 FTA	6.3	212	13.7	0.6	2302	8.2
韩国—东盟 FTA	5.4	66	4.2	5.9	1608	5.7
印度—东盟 FTA	- 9.3	17	1.1	4.5	810	2.9
澳新—东盟 FTA	- 16.8	10	0.6	2.0	762	2.7

资料来源：ASEAN Secretariat ASEAN Integration Report 2019。

　　三是合作空间不断拓展。2021 年 11 月，中方宣布将中国—东盟关系提升为全面战略伙伴关系，并提出启动中国—东盟自由贸易区 3.0 版建设，致力于全面提升贸易投资自由化、便利化水平，主要涉及数字经济和绿色经济两大领域，以此引领自贸区升级。其中，在数字经济合作领域，双方在该领域的互补性较强，未来合作的空间和潜力巨大。近年来，双方在数字经济合作领域不断深化，合作需求旺盛。双边致力于拓展推动在电子商务、科技创新、5G 网络、智慧城市等领域合作。与此同时，双方共促"一带一路"倡议与推动《东盟互联互通总体规划 2025》相互衔接对接，根据该总体规划相关目标推进与市场紧密融合，不断提高数字经济互联互通水平，包括支持落实《东盟信息通信技术总体规划 2020》等。在绿色经济发展方面，努力构建中国与东盟国家针对绿色经济和可持续发展全面对话合作框架（张晓钦，2015），以互鉴成熟经验，推广先进技术为重点，深化多种渠道改革，探讨推进东盟自贸区、自由投资区、湄公河流域及次区域领域，特别是在深入推进生态环境优良和产业升级等相关议题上加强联系与合作，实现区域间产业经济良性循环，助推中国东盟经济可持续发展，中国与东盟合作范围不断扩大和空间日益拓展。

6.1.3 疫情下自贸区合作

受新冠肺炎疫情冲击影响，世界经济增速放缓、复苏乏力，但中国与东盟投资贸易合作强劲增长。双方始终坚持多边主义与联合抗疫的基本原则，并于 2020 年 5 月共同发布《中国—东盟经贸部长关于抗击新冠肺炎疫情加强自贸合作的联合声明》，对抗击疫情发出有力回应。各国重申提质建设自贸区有利于推动双边投资贸易合作，以保障区域稳定包容增长，同时承诺将继续推进中国—东盟自贸协定议题加快实施，带动商品和服务流动、推进双向投资以及保障供应链安全稳定。2020 年 8 月，中国—东盟第 19 次经贸部长会议如期举行，就进一步强化中国—东盟自贸区下的执行机制，以破解合作难题进行磋商，继而利用协定，充分发挥中国—东盟自贸区合作及其正向溢出效应，确保联合抗疫取得显著成效。事实上，2020 年 7 月，在中国—东盟第 38 次经济高官会议上，双方都积极强调就关于进一步增加透明度条款以升级双方自贸区协定展开讨论。同时，还对 2017 年的税则转版等议题进行商讨。

当前，东盟的疫情防控任务形势严峻，同时由于防疫资源和能力欠缺，特别是疫苗供需缺口比较大，导致诸多国家经济发展在短期内将陷入困境。作为疫情期间抗疫防控成效显著，率先实现经济复苏的中国，积极伸出援助之手。一方面，结合《东盟全面复苏框架》中确定的合作战略领域及优先方向，携手与东盟各国开展联合抗疫和刺激经济复苏行动，同时根据东盟各国不同抗疫需求，竭尽所能为其提供疫苗，并与各国就疫苗研发生产、原料采购以及接种监管等方面进行合作，支持东盟创建公共卫生安全物资储备库。另一方面，深入落实《东盟全面复苏框架》相关内容，优先选择能够实现快速促进经济复苏的合作领域，如加强数字经济合作、推动电子商务合作、强化数字基础设施建设及促进中小企业数字化转型等；加强蓝色经济务实合作，携手打造蓝色经济合作伙伴；推动低碳经济深度合作，打造绿色发展基础设施，全面促进绿色复苏发展，以带动双方经济快速发展，走出疫情影响。

6.2　区域全面经济伙伴关系协定（RCEP）

2020 年逆全球化叠加新冠肺炎疫情，全球贸易投资低迷，世界经济面临空前下行压力。多数国家和地区积极行动，齐心协力共抗疫情，寻求合作重启经济。构建高质量区域经济合作机制，谋求更紧密的区域经济一体化，日益成为诸多国家打破国际经贸合作"零和思维"的重要手段，促进世界经济复苏与健康发展。

2012 年东盟率先发起《区域全面经济伙伴关系协定》（RCEP）谈判，历经 8 年和 31 轮磋商谈判（其中印度于 2019 年 11 月退出谈判），取得显著进展。特别是近年来，RCEP 各成员方克服疫情影响，率先完成市场准入方面商谈，签署 1.4 万多页的法律文本，并于 2020 年 11 月 15 日正式签署。东盟十国与中国、日本、韩国、澳大利亚以及新西兰等 5 国携手，共同推动打造目前全球最大体量的自由贸易区（王勤、金师波，2022）。协定相关的文本主要涉及 20 个章节，包括货物、服务、投资等方面的市场准入承诺，成为全面且现代、高质量与互惠并重的高水平自贸协定。其中，货物贸易自由化程度高达 90% 以上；服务贸易相关承诺明显高于之前的"10 + 1"自贸协定水平；在投资领域，重点在实施"负面清单"制度模式上做出更大承诺，相关规则将贸易自由便利化、电子商务、知识产权、政府采购以及竞争政策等领域纳入其范畴。此外，RCEP 协定针对各成员国经济发展状况及其差异化水平，对中小企业发展、经济技术合作等问题作出具体章节安排，旨在帮助各成员国尤其是最不发达的国家能够共享 RCEP 发展红利，这为疫情后加快促进区域经济复苏与合作提振了信心（范祚军，2020）。

6.2.1 RCEP 核心内容

RCEP 的签署落地标志着世界最大的自贸区成功启航，已成为东亚区域经济一体化发展的里程碑。协定内 15 个成员国拥有 22.7 亿人口，GDP 总量超 26 万亿美元，出口贸易规模高达 5.2 万亿美元，以上指标占据世界总量的 30%，标志着全球 1/3 体量的一体化市场已经形成。其所覆盖的经济规模高达 25.6 万亿美元，占世界总量的 29.3%；区内贸易规模为 10.4 万亿美元，占全球总贸易额的 27.4%；辐射人口达 22.6 万亿人，约为全球的 30%。这一体量将强有力支撑国际自由贸易与多边贸易机制，共促全球抗疫合作，有利于推动区内"产业链、供应链"稳定，对区域经济和世界经济复苏发展具有重要意义。

RCEP 协定核心任务在于进一步增强货物和服务贸易、双向投资和人员流动等方面的流动性，特别是在关税层面取得重大突破，给予各方实施"渐进式"零关税政策。

1. 货物贸易层面

RCEP 协定在关税与非关税层面均取得新的突破，各成员国承诺将采取即可降税或十年内逐渐减税的方式，旨在确保区内 90% 以上货物贸易实现零关税，以进一步推动形成更高水平的贸易自由便利化，同时就与货物贸易有关承诺给出具体规定，主要涉及承诺依据《关税与贸易总协定》第 3 条赋予其他缔约方成员货物贸易国民待遇；通过采取关税自由化推动更优惠市场准入的便利；对特定货物的贸易实施临时免税入境政策；取消农业出口补贴；计划全面取消出口数量限制，进出口许可管理，以及免除与进出口相关的税费和手续等非关税限制。RCEP 规定的区内"累积原产地"规则，强调了技术可行性贸易自由便利化与商业友好性。

2. 服务贸易层面

各缔约成员关于负面或正面清单的承诺均高于其"10+1"自贸协定作出

的开放承诺，以进一步削减影响各成员方开展服务贸易的歧视性和限制性约束，为推动各方扩大服务贸易规模创造了更便利条件，如市场准入、最惠国待遇、国民待遇、当地存在以及国内法规等相关规则。此外，一部分缔约成员采取"负面清单"模式对市场准入予以承诺，同时要求目前采取"正面清单"的缔约成员在协定正式生效后的 6 年内转化为"负面清单"，并对其服务承诺作出具体安排。

3. 投资合作层面

各缔约成员以"负面清单"模式逐步提高农林渔、采矿业以及制造业等 5 个非服务行业的投资开放程度。具体来看，主要涉及投资保护与促进、自由和便利化四个方面，是对既有东盟"10＋1"自贸协定关于投资规则的整合与优化升级，包含最惠国待遇承诺、禁止业绩要求、采取"负面清单"方式做出"非服务"行业领域市场准入且适用于"棘轮机制"（未来自由化程度不可倒退），同时，投资便利化方面还覆盖"争端预防"和"外商争议协调"的解决。与此同时，中国在 RCEP 协定下以"负面清单"模式对投资领域给出具体承诺，以进一步完善提升国内"准入前国民待遇＋负面清单"外商投资管理制度，以压实外商投资"负面清单"改革成果，日益扩大外资市场准入门槛。

4. 自然人移动方面

各缔约方的承诺已超越其既有自贸协定的相关承诺水平，同时各方为促进货物贸易、提供服务及投资的自然人临时入境或停留作出的承诺，并制定了各方允许此类临时入境和停留许可的基本规则，旨在逐步提高自然人流动政策的透明度。相关承诺细则注明了涉及公司内部人员流动、商务访问人士等诸如此类的承诺及其所规定的条件与限制。

与此同时，还将知识产权、竞争政策、电子商务及政府采购等诸多议题纳入 RCEP 范围，并进一步强化经济技术、中小企业等领域的合作，以满足发展中经济体和最不发达经济体的实际需求。知识产权层面，为本区域提供知识产权保护与促进提供包容性的方案，主要包含商标、著作、专利以及外观设计等诸多领域，整体保护促进水平较之先前的《与贸易有关的知识产权协定》规定有所提高。竞争层面，为各缔约方制定了旨在完善竞争及法律层面开张合作的基本架构，目的在于提升经济效率、提高消费者福利水平。约定各缔约方在共同的法律框架下展开竞争，禁止限制竞争的活动，同时承认各方具有制定并执行本国竞争基本法的相关主张和权利，并承诺基于公共利益及政策方面的豁免。此外，对于消费者权益保护等问题也作出具体规定，以制止如消费误导或贸易中存在虚假及误导性描述等，并对消费者权益保护展开互助合作。电子商务层面，进一步强化各缔约方间的电子商务合作，并明确鼓励各缔约成员以电子化方式完善改进贸易管理及其程序条款。明确要求各方为推动电子商务发展创造更便利化条件，并就个人在线信息保护提供保障，同时针对非应邀电子商务合作予以监管，并设立相关监管政策。政府财政层面，不断提高相关的法律法规及程序等方面的透明度。此外，在贸易救济层面，协定重点强调各方在WTO的《保障措施协定》权利义务下，同时专门设立过渡性的保障救济措施，对各缔约方由于履行协议降税而招致损害的状况予以救济。针对反倾销和反补贴税，在WTO框架下制定与其做法相关的附件，对书面信息、磋商解决、裁定公告与说明等作出具体规定，以提高贸易救济调查的透明度及正当程序。经济技术合作层面，力促包容、高效的措施覆盖重点领域，如货物以及服务贸易、投资、竞争、知识产权、电子商务等，并优先考虑最不发达经济体的需求。

总体来看，在加强知识产权合作、逐步扩大市场开放等领域RCEP较之WTO规则均有明显提高，但与TPP、CPTPP等更先进的标准协定相比较仍稍有逊色，如在合作广度及深度方面较WTO显著提高，投资领域中的相关规则也比WTO更为丰富，在电子商务、政府采购等领域层面有关现代化的议题也较之WTO深入。此外，在贸易开放程度上（90%）比WTO（85%）明显提高。但是，由于协定涉及的成员国多且差异较大，与TPP、CPTPP等高水平协定相比较仍存在诸多不足，如CPTPP要求各缔约方之间在货物贸易商实现99%的零关税、市场准入零壁垒和零补贴的标准，同时在劳工标准、环境保护、知识产权、竞争合作以及数字经济等领域的相关规则均制定了较高标准，且不存在十年的过渡期。在贸易开放度层面较之RCEP水平更高。此外，协定还针对劳动、环保及农产品配额等议题作出具体规定。

中国与东盟各国深入推进经贸领域务实合作，需充分发挥自贸区联委会机制，更好执行中国与东盟自贸协定及其《议定书》相关规定，及时解决双方企业在投资和贸易过程中出现的问题、难题及争议，着力推动双方经济合作，助推各国经济复苏，进一步释放自贸区合作制度和政策红利，实现各成员国互利共赢。

6.2.2　RCEP 重大意义

RCEP 落地生效，是东亚区域经济合作进程中国际形势新变化与内在需求新变化互促推动的结果，标志着全球超大体量和高含金量的自贸区诞生，这一进程必将对世界经济、亚太经济以及中国经济发展带来深远影响，意义十分重大（李新兴等，2020）。

这一成果是东亚经济发展特别是近 20 年来的里程碑成果，为当前国际投资和贸易规则加速重构增添了浓墨重彩的一笔，对于加快推动世贸组织（WTO）改革具有重要意义，有助于自由贸易主义和多边体制重回世界经济发展的正常轨道。对中国而言，加入 RCEP 自贸协定充分彰显了中国对外开放的大门会越来越大、步伐会越来越快。以 RCEP 自贸协定为代表的自贸网络，将与国内诸多开放载体和平台互促，协同推进中国对外投资和对外贸易高质量"引进来"和高水平"走出去"互促提质，双向投资和贸易水平必将进一步提升。

1. 全球层面，有助于加快推动全球经济新格局和国际经贸规则重构

一是自由贸易体制和多边主义对推动世界经济复苏与发展意义重大。RCEP 成员国人口数量、GDP 体量和出口贸易总额均约占世界的 1/3，同时覆盖东亚主要国家。在国际形势复杂多变背景下，RCEP 的签署落地释放了反对单边主义和保护主义、坚决支持自由贸易和经济全球化的强烈信号，有助于提振世界各国发展信心，推进全球经济快速复苏。二是有利于进一步提升亚洲在世界经济新格局中的地位。RCEP 成功改写了之前由美加墨自贸区（USMCA）、欧盟（EU）及中国—东盟自贸区（CAFTA）构成的全球 3 大自由贸易区格局，推动形成北美、欧盟与亚洲"三足鼎立"世界经济新格局。其中，欧盟与亚洲未来将从"需求侧"发力，有助于弱化长期以来由美国为国际需求中心的传统态势。亚洲还将从"供给侧"发力，推动"全球制造"加速向亚洲集群集聚。三是有助于推动国际经贸规则加速重构。RCEP 兼顾不同发展阶段和水平经济体的基本情况，致力于打造更具互惠性、包容性合作机制，将为推动 WTO 改革以及多边合作机制构建提供经验，推进其他多边贸易协定加快达成，为深入促动经济全球化和维护多边主义树立榜样。

2. 区域层面，进一步提高东亚区域经济一体化水平

一方面，有利于促进成员国之间开展"精细化"合作，打造形成"闭环型"价值链、产业链及供应链。相对于世界其他自贸协定，RCEP 成员具有多样性和多层次性特点，既包含发达经济体，也包含新兴经济体和欠发达的经济体，且成员之间存在较大的经济发展落差，但成员间的经济及产业结构互补性较强，同时还具备生产要素多样、市场要素完备等典型特征。与此同时，RCEP 还就投资、贸易以及货物等领域合作持续放宽市场准入门槛，进一步加强检验检疫、原产地规则、技术标准以及海关程序等，致力于推动资本、技术、人才、信息以及商品等实现自由流动，推进成员之间的产业分工与紧密合作，打造形成更科学合理并有效惠及各成员国的区域"产业链、价值链与供应链"闭环生态，提升东亚在国际产业竞争中的地位和优势。另一方面，进一步促进对外投资和贸易，增加成员国福利水平，实现区域经济高质量发展。超 90% 的产品实现"零关税"，将有利于降低各成员国企业从"原材料""中间产品"到"最终产品"的生产和交易成本，大幅度提高区域"贸易创造效应"。量化研究结果表明，RCEP 将有利于提高成员国双边贸易规模和水平，具体来讲，如从进口维度来看，韩国从其他成员的进口规模增幅将超 65%，为区域内最大增幅国家；中国从其他成员（新西兰除外）的进口规模增幅将在 37%~78% 区间范围，同时自日本的进口规模增幅最大；日本自新加坡、印度尼西亚及澳大利亚的进口规模出现降低态势，但自韩国的进口呈激增趋势。从出口维度来看，中国、泰国、日本以及越南等对其他成员的出口均出现不同程度的增加。贸易规模和水平的增加将直接惠及各成员跨国企业和消费者，提高成员国福利水平，助推其经济可持续增长。

3. 中国层面，进一步提高对外开放水平，继而带动经济高质量发展

一是有助于稳外贸、引外资和扩内需，为加快推动构建"双循环"新发展格局提供更强劲支撑（李鸿阶、张元钊，2021）。RCEP 成员国均为中国的重要贸易伙伴，2020 年前三个季度，中国与各成员之间的贸易规模达 1.055 万亿美元，占中国外贸总量的 33.3%，其中与东盟的贸易规模为 4818.1 亿美元。RCEP 签署落地实施，有助于进一步拓展中国出口贸易的市场空间，尤其是中国与日本首次致力于建立自贸伙伴关系，对中国机电、机械设备及其零部件、纺织品和化工品等出口形成利好，同时将进一步扩展与其他成员之间在原材料等中间品、消费品等方面的进口需求。此外，有利于促进中国企业优化区域内产业链、价值链及供应链布局，对中国整合利用国际国内两个市场优化资源配置具有重要意义，为加快推动形成"双循环"新格局注入新动力、提供新支撑。二是带动国内产业结构调整和优化升级，助推经济高质量发展。RCEP 的建成与实施，将充分释放东盟市场和人口"红利"优势，有助于吸引中国、韩国、日本等国家加速转移国内低端制造业，倒逼国内产业结构调整与优化，加快战略性新兴产业与高端制造业创新发展，持续巩固提升本国在区域价值链（RVC）乃至全球价值链（GVC）中的位势，不断提高跨国企业的核心动态竞争力，实现以改革创新促转型、促发展。三是有助于推动"要素开放"向"制度开放"加速转变，推动构建全方位、多层次与立体化的对外开放新格局。加快推动自贸区战略是中国对外开放的着力点。RCEP 签署生效标志着中国第 19 个自贸协定落实，同时自贸伙伴达到 26 个。借力 RCEP 中国首次实现与全球前 10 大经济体签署高水平自贸协定，对未来进一步推动中日韩以及中欧自贸协定签署具有"催化"作用，为中国积累高水平谈判与合作经验，融入《全面与进步跨太平洋伙伴关系协定》（CPTPP）等全球更高层次水平的自贸协定提供经验借鉴。四是有利于中国打造形成立体化现代对外开放新格局。实现 RCEP 合作与国内自贸试验区（21 个）、服贸创新试点（28 个）、服务外包示范城市（31 个）以及数字服务出口基地（12 个）等发展形成合力，并与"一带一路"倡议相互呼应，助推全方位、立体化的现代开放新格局，为推动中国新一轮高水平对外开放提供强劲支撑。

6.2.3　RCEP 典型特质

RCEP 作为一个现代化、高质量的互惠互利大型自贸协定，积极对标对表国际高水平自贸协定，其突出特征和重大创新体现如下。

1. 整体提升域内贸易自由化程度

一是 90% 以上的货物贸易实现"零关税"。即对内成员国超 90% 的货物贸易予以立即实施零关税，或未来十年逐渐将关税降至零水平，并有望达到 95% 的货物贸易实现零关税。在 RCEP 签署之前，各成员间大多已签署双边自贸协定，如中韩自贸协定关于货物贸易仅 80% 商品予以零关税，RCEP 协定大幅度缩减了货物贸易减税空间；中国与日韩之前尚未签署双边自贸协定，通过 RCEP 融入高水平自贸伙伴网络，对推动形成更大范围和层次的商品流动提供便利化。研究显示，对于大型自贸协定，如果与货物贸易相关的产品零关税在 85% 以上，则被认为属于高水平。尽管 RCEP 实施了超 90% 的货物贸易零关税较之 WTO 的 85% 水平有所提高，但与 CPTPP 的 99% 标准还存在显著差距。综合考虑 RCEP 个成员之间的经济发展差距，这一标准已实现重大突破，在逐渐向国际高水平标准靠拢的同时兼顾了可行性及灵活性。二是实施区域内积累原产地规则。制定并实施了更具灵活性和自由度的区域内积累原产规则，与高标准 CPTPP 规则形成对冲。这一规则核心的内涵为只要产品加工中增值部分源自 15 个成员国，同时累积增值在 40% 以上即被认定为原产地规则，可以享受零关税优惠政策。三是大幅度提高贸易通关效率及便利化水平。较之 WTO 公布的《贸易便利化协定》，RCEP 通关效率及便利化程度显著提高，有助于实现区内贸易自由便利化，充分释放正向溢出效应。具体表现为，RCEP 进一步简化通关手续，即采取预裁定、抵达前处理以及信息技术使用等高效便利的海关程序管理手段，在可能的前提下，对易腐货物、快运货物等给予货物抵达 6 小时内通关放行的便利，有效带动了快递等跨国物流高质量发展，推动生鲜产品等易腐货物贸易发展。

RCEP 建成对中国市场扩大开放具有重大意义，能够促进各类开放载体和平台先行先试，同时主动对标对表当下国际高水平贸易规则，以"三零"为目标，进一步深入制度型开放，不断提高中国对外贸易的自由便利化水平。

2. 高起点推动域内服务业开放

一是服务贸易开放水平日益提升，相较于其他东盟"10＋1"自贸协定，RCEP 服贸开放水平明显提高（孟夏、李俊，2019）。日本、韩国、澳大利亚、文莱、新加坡、印度尼西亚以及马来西亚等 7 国均采取"负面清单"模式对市场准入予以承诺，中国等其他 8 国均使用"正面清单"承诺，在 RCEP 协定正式生效 6 年内需转化成"负面清单"。以中国为例，在承诺扩大服贸开放方面已达到最高水平，承诺开放的服务部门在 WTO 所承诺的 100 个部门基础上，又新增管理咨询、设计研发、制造业相关服务以及空运等 22 个部门，同时对建筑、海运、金融以及法律等 37 个部门承诺水平再提高。此外，其他成员国也对中国关注的金融、房地产、医疗、建筑及运输等服务部门给予更高水平的承诺。除了市场开放及其有关规则外，RCEP 服务相关章节还就电信、金融和专业服务等领域作出高水平且更全面的承诺，并对专业资质互认给出相关合作安排。值得注意的是，在金融领域还新引入了金融服务、金融信息转移及处理、自律组织等相关规则；在电信领域基于既有的东盟"10 + 1"自贸协定（电信附件相关内容），主要涉及监管方式、国际海底电缆系统、国际漫游、电杆以及技术灵活性选择等作出具体规则。二是自然人移动。关于自然人移动问题给予单独成章，相关承诺水平整体高于既有自贸协定作出承诺的最高水平。服务贸易主要覆盖跨境交付、自然人移动、境外消费以及商业存在四种模式。RCEP 成员承诺对区域内各国企业及其内部人员流动、合同服务提供者、随行家属等相关商业人员，凡是满足基本条件的，均可以获得一定的居留期限，同时可享受签证便利，开展各种投资和贸易活动，同时将承诺范围拓展至服务提供者之外的投资者及其随行配偶和家属等。三是与服务业开放有关的一些新议题。主动对标《跨太平洋伙伴关系协定》（TPP）等更高国际自贸协定规则，RCEP 主动适应新局势新变化，将电子商务、知识产权等与服务业开放形成更紧密的新内容、新议题。

RCEP 基于 WTO《与贸易有关的知识产权协定》，进一步加强知识产权保护，为域内服务业持续扩大开放保驾护航。在知识产权方面，RCEP 相关章节主要涉及著作权、商标、反不正当竞争、地理标志、透明度以及技术援助等新内容，体现了当前关于知识产权发展演变的最新趋势。在电商务方面，有关领域的安排在当前国际自贸协定安排中处于领先地位，这有利于加速推进以跨境电商为主的服务新业态在区域内创新发展。此外，各缔约方除了对电子认证及签名、消费者在线信息保护、个人信息保护等条款作出具体安排，同时对跨境信息传输及其存储等议题达成共识，为加快推动电子商务创新发展营建了优良的制度环境。

推进服务业扩大开放是当前中国新一轮对外开放的重要内容，服务贸易是助推中国贸易高质量发展的核心引擎。RCEP 关于推进服务业扩大开放的有关安排，一方面将有助于提高域内服贸规模，另一方面也有利于加速中国服务业开放进程。

3. 提高域内投资自由便利化水平

"负面清单"和"棘轮机制"双轮驱动机制，充分体现了缔约方坚持推动域内投资自由便利化的信心及决心。RCEP 关于投资保护及其促进的相关安排，大幅度提高了原有东盟"10＋1"自贸协定关于投资规则的调整与升级。各缔约方对农业、林业、制造业等非服务领域作出"负面清单"承诺，大幅度提高了政策的透明度。与此同时，区域内有关投资便利化安排适用于棘轮机制，即自由便利化承诺不可倒退。以上条件对于吸引全球优质跨国企业集聚于此，同时对促进中国跨国企业"走进""走入"东盟提供了更便利化条件。

4. 致力于推动中小企业发展

RCEP 专设了中小企业章节，旨在为区内中小企业高水平发展营造优良环境及条件，激励更多中小企业充分利用自贸协定相关议题，更便利快捷融入区域价值链、产业链及供应链，共促域内各方中小企业创新发展。同时，强化对中小企业的支持力度和投入，确保更多中小企业能共享 RCEP 发展成果。近年来，受保护主义和疫情冲击等多重因素影响，为此，RCEP 专门设置了"友好条款"，旨在为克服发展瓶颈、扩大中小企业订单以及突破业务发展约束等带来诸多利好，涉及行业主要覆盖纺织、服装等劳动密集型行业以及科创类新兴行业，为推动域内"双创"增添活力和动力。

5. 力推更高水平对外开放

从政府层面看，一是坚持全球化和多边主义，RCEP 将有助于加快推进亚太经济一体化进程，但受制于国际国内多重因素影响，短期内 RCEP 建设仍面临诸多挑战与风险。从中长期看，RCEP 建设仍面临持续升级新需求，作为亚太地区重要的经济体，中国、日本、韩国、澳大利亚、新加坡等国开放与合作空间有待进一步开发。对此，中国作为 RCEP 核心成员有能力也应当在推进多边合作中发挥引领和示范作用。除了当前开启的中日韩自贸协定及中欧自贸协定谈判外，中国正积极申请加入 CPTPP 等自贸协定谈判，同时吸引"一带一路"沿线更多国家加入 RCEP，携手推动亚太自贸区（FTAPP）愿景变成现实（赵春江、付兆刚，2021）。二是积极对标国际高水平经贸规则，探索推进制度型开放。特别是中国应积极推动 RCEP 与国内国家自贸试验区、服贸创新发展试点及服务外包示范城市等对接，借鉴学习国际先进经验，持续推进制度创新，理顺创新举措的内在逻辑，疏通政策落地的堵点，真正实现开放政策系统集成。同时，利用先进信息技术探索新型贸易自由便利化规则，率先在知识产权保护、数字贸易规则制定等方面探索经验。此外，高度重视营商环境建设，加强营商环境评估，并对其结果进行改善提升。高度重视"市场准入后"准营服务，旨在打破各种"隐性壁垒"，扩大"引进来"服务链条并将其延伸至企业各生产环节，确保实现内外资待遇一致。此外，充分利用大数据、云计算以及人工智能等新技术，着力发展现代服务业、高端制造业以及战略性新兴产业，推动产业结构升级和经济结构优化，同时专注于推进新产品、新技术标准化，以实现在新一轮扩大开放中占据有利地位。

从企业层面看，一是进一步加大研发投入力度，着力提高企业动态核心竞争力。RCEP协定彰显各成员方扩大开放的决心和信心，有助于域内企业特别是中国企业"走出去"在区域乃至全球范围更好布局产业链、价值链和供应链，以及投资、贸易和市场布局。但企业迎来重大发展机遇的同时，也必将面临更趋激烈的国际竞争与优胜劣汰。为此，企业需抢抓机遇，更好应对严峻挑战，化"危"为"机"，潜心修炼"内功"，进一步强化研发等投入力度，逐步提升企业及产品核心竞争力。同时，在数字经济迅猛发展背景下，加快推动企业数字化转型进程，不断提高企业经营与管理能力。二是进一步加大对RCEP等不同类型开放平台的规则研究，不断提升企业战略规划能力和水平。企业在注重修炼内功的同时，需紧密跟踪国内外经贸形式发展与变化以及产业发展演变新趋势，加大对各类开放平台相关开放规则方面的研究力度，审时度势，精心谋划，制定出符合实际的发展战略规划。短期内，有助于降低企业各类运营成本，集中集聚有限资金用于提升综合竞争力；长期内，有利于充分利用国际国内市场精化资源配置，进一步提升企业"走出去"能力和国际化水平。

6.2.4　RCEP经济效应模拟评估

商务部国际贸易经济合作研究院公布的《区域全面经济伙伴关系协定》（RCEP）评估报告数据显示（见表6-3），RCEP正式生效后将对区域经济发展产生以下主要影响。

表6-3　　　　　　　　　　RCEP 生效经济效应模拟评估结果

分组	国家（地区）	实际 GDP（%）	出口（亿美元）	出口（%）	进口（亿美元）	进口（%）	经济福利（亿美元）
RCEP 成员	澳大利亚	0.20	114.31	2.84	166.24	4.23	146.39
	新西兰	0.99	31.17	4.60	55.89	8.74	46.19
	中国	0.35	3153.5	7.59	3067.84	10.55	996.10
	日本	0.58	519.15	4.89	743.11	6.89	512.19
	韩国	1.19	706.77	7.84	855.71	9.92	253.28
	东盟整体	4.47	4046.37	9.63	4947.91	18.30	548.67
RCEP 总体		0.86	8571.27	18.30	9836.70	9.63	2502.82

资料来源：《区域全面经济伙伴关系协定》（RCEP）对区域经济影响评估报告。

一是从区域整体看，将有助于拉动区域整体经济、贸易及投资显著增长。报告运用全球动态一般均衡模型（GDNY）预估显示，到2035年，RCEP将有效驱动区域实际GDP、出口及进口贸易规模较之基准值分别增长0.86%、18.3%和9.63%，进口、出口总贸易规模预计将分别增长为9837亿美元和8571亿美元，同时带动区域投资增长1.47%，以及区域经济整体福利水平累积增加达2503亿美元。从国际层面看，到2035年，RCEP将拉动世界实际GDP和进出口较基准值分别增长0.12%和2.91%。

二是从成员国内部看，所有成员将同时获利，但存在一定异质性。报告估计结果表明，在RCEP15国中，东盟十国在经济增长方面受益最大。从GDP实际增长率看，到2035年，东盟实际GDP将增长4.47%，其中，越南、泰国、菲律宾和柬埔寨的实际GDP将分别增长6.33%、6.38%、7.04%和7.98%。同时，对中国、日本、韩国、新西兰和澳大利亚实际GDP增长也存在积极影响；从贸易增长率看，菲律宾、柬埔寨、泰国以及越南累积增幅预计均超20%。非东盟成员国中，韩国出口贸易的累积增幅将实现最大，而中国进口的累积增幅最大。到2035年，越南、泰国、柬埔寨以及菲律宾出口贸易增幅预计将分别实现22.12%、24.23%、30.82%和57.81%，进口增幅分别高达23.38%、27.94%、33.15%和67.71%。而马来西亚等其他国家增幅也在10%以上。非东盟成员国中，韩国出口贸易将实现7.84%最大增幅，中国进口贸易将达到10.55%最大增幅。此外，RCEP对各成员国将均产生正向经济福利，其中，中国、东盟和日本福利效应改善最为显著。到2035年，日本、东盟和中国较基准值分别实现累积增长 512 亿美元、549 亿美元和 996 亿美元。

三是从中国视角看，目前，中国已分别与东盟、日本、韩国等国共建形成更紧密的投资和贸易产业链及供应链合作关系，RCEP 落地生效将有利于推动中国经济实现高质量增长。到 2035 年，RCEP 将驱动中国实际 GDP 规模、出口贸易规模和进口贸易规模相较于基准值累积增长分别达到 0.35%、7.59% 和 10.55%，其中，出口和进口值将累积增长达 3154 亿美元和 3068 亿美元，经济福利将累积增长达 996 亿美元。

6.3　投资规则比较：RCEP、CPTPP 与《外商投资法》

跨国企业在走进东道国开展 OFDI 之前，通常需考虑以下主要问题：一是相关投资领域是否存在被东道国限制的约束，如股权比例高低、高级管理人员任命等方面是否具有特殊的要求，以及外国投资者能否及时获得行政许可等；二是相关投资领域对外国企业是否存在优惠或激励政策，项目完成后是否存在"持续性"义务方面要求，如业绩水平等。此外，还需要审慎考虑与投资紧密相关的投资保护和促进，以及争端解决机制等（陈江滢、葛顺奇，2021）。值得说明的是，跨国企业 OFDI 的权利来源主要涉及两个方面：一是相关国际投资协定，即包括由双边投资协定及覆盖投资条款有关的自贸协定构成；二是单个投资合同，即某外国投资者与东道国或其企业之间签署的相关特定项目的跨国投资商业合同。当然，东道国法律也可以为外国投资者提供相关保护和保障。

RCEP 协定所涉及的投资条款，相关规则及议题主要集中在第 10 章，包括 18 条内容，并涵盖"征收""习惯国际法" 2 个相关附件以及附件三《服务和投资保留及不符措施承诺表》等，其核心内容主要涉及投资自由化、投资促进、投资保护和投资便利化四个维度的标准化内容。具体体现为表 6 - 4 中的相关条款和内容。

表6-4   RCEP 涉及投资主要内容

目标	涉及条款	主要内容
投资自由化	第3条国民待遇	投资的设立、取得、扩大、管理、经营、运营、出售或其他处置方面与本国投资者同等待遇
	第4条最惠国待遇	其他缔约方之间的平等待遇，柬埔寨、老挝、缅甸和越南不适用该条款
	第5条投资待遇	公平、公正待遇
	第6条禁止业绩要求	缔约方不得施加或强制执行业绩要求；部分条款不适用于柬埔寨、老挝和缅甸
	第7条高级管理人员和董事会	不得要求属于涵盖投资的该缔约方的法人任命某一特定国籍的自然人担任高级管理职务
	第8条保留和不符措施	允许缔约方保留采取、维持不符措施的权力
	第15条安全例外	允许缔约方为维持国际和平或自身安全保留必要措施
投资促进	第16条投资促进	鼓励投资，促进交流
投资保护	第9条转移	投资、收入、利润和清算资产等的自由转移
	第10条特殊手续和信息披露	不得将未实质性损害投资保护的手续解释为特殊手续；外国投资者的保密信息受到保护
	第11条损失的补偿	不低于缔约方在类似情形下给予本国、其他缔约方或非缔约方的投资者或其投资的待遇
	第12条代位	行使代位权
	第13条征收	不得直接征收或国有化，补偿应该及时、充分和有效
	第14条拒绝授惠	被非缔约方控制，无实质性经营活动
投资便利化	第17条投资便利化	外商投诉的协调解决

资料来源：根据公开资料整理。

综上分析可见，RCEP 投资规则特别是涉及投资自由化及其保护的相关议题，充分彰显了当下国际投资规则及法律发展与变化的新趋向，给跨国企业顺利开展 OFDI 提供最大程度的准入、保护和保障（孙艺，2022），同时也对东道国产业发展与保护（负面清单）以及国家安全给予了充分考虑。

6.3.1 RCEP 与 TRIMs 比较

《与贸易有关的投资措施协议》（TRIMs）达成于乌拉圭回合，是当前世贸组织（WTO）制定的重要多边贸易协议之一，整个协议主要由序言、9 大条款及 1 个附件（解释性清单）共同组成。WTO 作为世界重要的多边组织，尽管尝试在与贸易紧密相关的投资措施层面达成多边协定，但仍不是全覆盖规范投资的关键多边投资协定。

具体来看，TRIMs 条款的核心内容主要覆盖：范围、国民待遇和数量限制、例外、发展中国家成员、通知和过渡安排、透明度、与贸易有关的投资措施委员会、磋商与争端解决、货物贸易理事会的审议。此外，解释性清单明确列举了 5 大类被 TRIMs 所禁止的与货物贸易紧密相关的投资措施：一是与违背《关贸总协定》国民待遇相关的 2 类投资措施；二是违背取消数量限制有关的 3 类投资措施，主要包括与"当地含量"要求相关（如购买或者使用当地产品的措施），以及贸易平衡要求（如进口额限制与出口水平幅度等方面的措施）。

此外，TRIMs 对禁止业绩要求等方面也给出相应规定，但其仅在与消除贸易限制及扭曲相关的投资措施方面予以规定，而 RCEP 对投资自由化及其保护问题作出具体明确的规定，标志着新的 RCEP 协定已从传统的重视贸易领域向投资、电商及竞争等新领域拓展延伸。

6.3.2　RCEP 与 CPTPP 及 USMCA 比较

《全面与进步跨太平洋伙伴关系协定》（CPTPP）发端于《跨太平洋伙伴关系协定》（TPP），2018 年 12 月，该协定正式生效，其核心成员主要由之前的 TPP11 个成员国构成（美国退出）。而《美墨加协定》（USMCA）2020 年 7 月 1 日落地生效，是 1994 年北美自贸协定（NAFTA）升级版，新协定开启了北美地区及世界贸易新时代。

相较而言，RCEP 协定关于投资章节同 CPTPP 以及 USMCA 在"结构"与"内容"等方面保持高度一致（王中美，2022）。需要强调的是，由于各成员国发展差异，以及各方分歧与谈判难度等问题，RCEP 投资相关规定并未就投资争端解决机制予以具体明确，仅对外商投诉的问题赋予了"协调处理"独立机制，同时强调其不受 RCEP 相关争端解决程序等规则的限制和影响，但相关争端可以提交 RCEP 联合委员会并采取《专家组程序规则》予以解决，未提及将有关争端提交 ICSID（《华盛顿公约》下的国际投资争议解决中心）等方式进行仲裁解决的说明。

较之 RCEP 协定，CPTPP 协定关于外国投资者与东道国之间的投资争端解决机制（ISDS）进行了明确，申请方可以采取如下任一种方式提出索赔：一是若申请人和被申请人双方都是 ICSID 缔约成员，则适用于 ICSID 公约及其议事规则仲裁程序；二是如果申请人或者被申请人中的一方为 ICSID 缔约成员，则可采用 ICSID 附加便利规则解决；三是适用于联合国国际贸易法委员会仲裁规则；四是在申请人和被申请人双方均同意的前提下，可提交给其他仲裁机构或者适用其他任何仲裁规则进行解决。而 USMCA 协定，专门制定了 22 大条款与 2 个附件，较详尽地规定了有关投资争端解决议题，规则完备、程序明晰，但对于投资争端机制层面的设计比较复杂。

外国投资者与东道国之间的投资争端，是国际投资领域最为重要的保护及救济之一。从 ICSID 每年受理并处理的案件数量看都所有上升，这说明有效解决投资争端问题对保护投资者利益和提升外资信心决心意义重大，同时对东道国政府相关行为也具有一定约束力。总体而言，RCEP 协定关于投资争端解决等议题的规定较之 CPTPP 和 USMCA 均有所弱，与更高标准的国际经贸规则之间还存在一定的差距。

6.3.3　RCEP 与《外商投资法》比较

关于外商直接投资（FDI）内涵界定、管理模式等方面，RCEP 协定与中国《外商投资法》主要差异如下。

一是 FDI 内涵界定方面，RCEP 大体沿袭了 CPTPP 与 USMCA 的相关规定，其覆盖的范围比较广泛，既包含股权投资与债权投资，同时还将特许经营权、合同权利、动产不动产权利以及自然资源开采权等纳入其范畴。相较而言，《外商投资法》对"外商投资"的内涵界定相较于 RCEP 要小得多，主要聚焦于新设股权投资、新建项目以及并购投资三个板块。

二是外资准入管理模式，RCEP 对外资准入采取"准入前国民待遇 + 负面清单"管理模式，由于中国已进行多年自贸区实验，旨在为制度型开放探索可复制推广的先行经验，中国《外商投资法》同样也实施了"准入前国民待遇 + 负面清单"的管理模式，与 RCEP 大体一致。而中国关于外商投资的负面清单主要包含两份：一份是全国层面的外商投资准入"负面清单"，目前 2020版的"负面清单"关于外资方面限制措施已压减至 33 项；另一份是自贸区层面的外商投资准入"负面清单"，从最早的上海自贸区的 190 项相关限制措施压减至 2020 版的 30 项。当前，我国关于外商投资准入管理模式日渐走向成熟。

三是服贸领域"商业存在"模式的例外。RCEP 第 10 章第 2 条第 2 款第（四）项对此予以了明确，规定"本章不得适用于一缔约方采取或维持的措施属于第 8 章（服务贸易）所涵盖的范围"。同时，第 3 款对此还作出例外规定"尽管有第 2 款第（四）项的规定，第 10 章中第 5 条（投资待遇）、第 7 条（高级管理人员和董事会）、第 9 条（转移）、第 11 条（损失的补偿）、第 12 条（代位）以及 13 条（征收）经必要调整后，应当适用于影响一缔约方服务提供者在任何其他缔约方境内通过第 8 章（服务贸易）的商业存在提供服务的任何措施，但仅限于与本章涵盖投资和义务有关的任何此类措施"。

服贸"商业存在"模式，是指一缔约成员的服务提供者在另一缔约成员方境内的商业实体方面开展服务（或允许其在对方境内设立商业机构并提供服务）。"商业存在"涉及直接投资及市场准入，外资进入东道国并提供服务，与进入东道国制造业方式上并无不同，仅存在行业差异。究其原因在于，各国服务业发展水平具有一定差异，处于国家安全方面的考虑，诸多国家针对服务业中的外资准入都保留了不同程度的限制措施。对此，RCEP 对投资自由化措施不能适用于"服务贸易"作出直接限制，但对一部分义务经调整可适用于"商业存在"模式，就是从一定程度上兼顾了 RCEP 各成员服务业发展水平与层次方面的差异，要求全部缔约方成员开放服务市场同时保留一定的限制措施。

需要强调的是，在 RCEP 协定下中国就服务业开放采取"正面清单"的模式，并承诺六年后将转换成"负面清单"模式。具体来讲，关于《具体承诺表》，除了水平方面的承诺，还对商业、通信、分销、教育、环境、金融、健康和社会服务、旅游、娱乐、运输和其他未包括服务等 12 大领域均分别作出相应的承诺，同时对其中的一部分服务自由化给出承诺。此外，针对投资自由化方面不适用于服贸原则，另外作出《投资保留和不符措施承诺表》，并通过清单一（12 项）以及清单二（11 项）分别对最惠国待遇、国民待遇、禁止业绩要求、高级管理人员以及董事会等限制方面作出保留。

整体而言，从目前中国在 RCEP 下对服务贸易开放作出的具体承诺看，已达到了既有自贸协定的最高水平，同时在入世承诺基础上，新增研发、空运等 22 个新的领域，并进一步提升了法律、金融、海运及建筑等 37 个领域的承诺水平。为切实履行 RCEP 相关承诺，未来中国部分服贸领域还将面临着逐步提高自由化水平以及实现服贸完全转向"负面清单"管理等方面的严峻挑战。

四是投资保护及安全审查。目前,《外商投资法》及其实施细则都单独设置相关章节对投资保护予以规定,主要涉及知识产权保护、不随意征收、商业秘密以及不得强制转让技术等方面的信息保护、外商投资企业投诉工作机制等内容,这与 RCEP 相关规定大体相同。

RCEP 中的第 15 条规定各缔约成员处于"安全"考量可采取必要的措施。而我国《外商投资法》中的第 35 条及其《实施条例》中的第 40 条都对安全审查作出规定"国家建立外商投资安全审查制度,对影响或者可能影响国家安全的外商投资进行安全审查"。相较而言,《外商投资法》及其实施条例针对安全审查的规定属于原则性的,对此,2020 年 12 月,发改委与商务部联合颁布了《外商投资安全审查办法》具体规定,重点聚焦于如下安全审查:投资军工及其配套等涉及国防安全的重点领域,在军事设施和军工设施周边相关投资,投资涉及与国家安全紧密相关的重要农产品、重要能源和资源、重大装备制造、重要基础设施、重要运输服务、重要文化产品与服务、重要信息技术和互联网产品与服务、重要金融服务、关键技术以及其他重要领域,并取得所投资企业的实际控制权(见表 6-5)。同时,该办法还就外商投资安全的审查机构、申报机制、审查程序、审查时限及决定执行等作出具体且详尽的规定,以确保《外商投资法》规定的安全审查机制能够落地见效,具有可操作性。

表 6-5 RCEP 与《外商投资法》相关内容比较

类别	RCEP	《外商投资法》
外商投资定义	投资指一个投资者直接或间接,拥有或控制的,具有投资特征的各种资产,形式包括: (一)法人中的股份、股票和其他形式的参股,包括由此派生的权利; (二)法人的债券、无担保债券、贷款及其他债务工具以及由此派生的权利; (三)合同项下的权利,包括交钥匙、建设、管理、生产或收入分享合同; (四)东道国法律和法规所认可的知识产权和商誉; (五)与业务相关且具有财务价值的金钱请求权或任何合同行为的给付请求权; (六)根据东道国法律法规或依合同授予的权利,如特许经营权、许可证、授权和许可,包括勘探和开采自然资源的权利; (七)动产、不动产及其他财产权利,如租赁、抵押、留置或质押	在中国境内进行的投资活动,主要包括: (一)外国投资者单独或者与其他投资者共同在中国境内设立外商投资企业; (二)外国投资者取得中国境内企业的股份、股权、财产份额或者其他类似权益; (三)外国投资者单独或者与其他投资者共同在中国境内投资新建项目; (四)法律、行政法规或者国务院规定的其他方式的投资

续表

类别	RCEP	《外商投资法》
准入前国民待遇	（一）在投资的设立、取得、扩大、管理、经营、运营、出售或其他处分方面，每一缔约方给予另一缔约方投资者和所涵盖投资的待遇应当不低于在类似情形下其给予本国投资者及其投资的待遇 （二）为进一步明确，一缔约方根据第一款所给予的待遇，对于中央以外的政府层级而言，指不低于作为该缔约方一部分的该政府在类似情形下给予其投资者或投资的最优惠待遇	国家对外商投资实行准入前国民待遇加负面清单管理制度，是指国家规定在特定领域对外商投资实施的准入特别管理措施。国家对负面清单之外的外商投资，给予国民待遇
负面清单管理模式	附件三《服务和投资保留及不符措施承诺表》 缔约方均采用负面清单模式对制造业、农业、林业、渔业、采矿业 5 个非服务业领域投资作出较高水平开放承诺	负面清单由国务院发布，目前现行有效的是《外商投资准入特别管理措施（负面清单）（2020 年版）》

资料来源：根据公开资料整理。

目前，中国已形成由"外资吸引大国"转变为"外资吸引大国 + 对外投资大国"并举的新格局。但仍需主动参与及积极推进国际投资新规则的修改和完善，着力推进投资自由便利化。虽然当前中国已结合区域贸易协定相关的新规则对既有《外商投资法》的相关内容进行了补充、修改和完善，探索采取了"准入前国民待遇 + 负面清单管理"的外资准入管理新模式，但仍需进一步强化对外国投资者的有关审查和保护。在国际投资和贸易环境发生深刻变化的背景下，还应对标 CPTPP 更高标准找差距，不断探索完善我国外商投资法规，以适应国际投资政策环境发展与演变的新形势。

总体来看，RCEP 框架下中国与东盟国家在投资和贸易合作方面将更加开放、更加便利。与此同时，中国已积极申请致力于加入《全面与进步跨太平洋伙伴关系协定》（CPTPP）和《数字经济伙伴关系协定》（DEPA），深度融入国际更高水平的投资和贸易协定，以进一步推动"一带一路"高质量共建，优化经贸布局，"由外到内"力促双循环发展。

6.4　RCEP 投资规则再审视

投资规则是 RCEP 协定的重要组成部分，是企业全面和深入了解 RCEP 投资规则的基本遵循，也是地方、行业和企业"走出去"开展对外直接投资的行动指南，有必要对其核心内容给予深入解读。

　　一是投资规则内涵及其分布。相关规则主要分布在协定投资的章节中，本章是目前亚洲地区覆盖范围广泛的投资协定，由之前 5 个"东盟 10 + 1 自贸协定"全面整合与升级而成，实现了区域内共同遵循的投资基本准则与市场准入政策。具体文本规则和负面清单内容主要集中在第 10 章及其 2 个附件（习惯国际法和征收）。伴随投资规则正式生效实施，为 RCEP 成员国吸引外资和开展相互投资营建了更稳定、开放和自由便利化的投资环境。

　　二是投资规则核心内容。投资规则主要涉及投资保护、投资自由化、投资促进和投资便利化四个方面，在继承传统投资协定核心议题的基础上，体现了当前国际直接投资缔约实践的最新进展。文本规则集中于 18 个条款和 2 个附件，对充分保护投资和放宽市场准入等核心问题进行了较全面的规定，如给予成员方投资者及其投资包括准入前阶段的国民待遇和最惠国待遇等。

　　三是禁止业绩要求条款。具体要求是指东道国针对外资施加的约束，以此作为国外投资者或获取优惠的一些条件。对成员国投资如下情形予以限制，如出口实绩、当地含量、购买国货、外汇平衡、限制国内销售、强制技术转让、特定地区销售和规定特许费金额或比例，以及对当地含量、购买国货、外汇平衡、限制国内销售等行为不能给予外国投资者以优惠。业绩条款反映了较高承诺水平，对于其他情形未作出实质性限制，在一定程度上充分考虑了成员国经济发展水平和监管能力差异。

　　四是投资自由便利化。RCEP 投资章（第 16 条和第 17 条）对投资促进、自由化和便利化等内容给出具体规定，在促成缔约方之间达成投资意向、提供政策服务咨询等提供便利条件，对吸引外国投资者、营造更优良营商环境以及扩大国际经贸合作具有积极意义。

　　五是投资负面清单。引入"准入前国民待遇 + 负面清单"是 RCEP 投资规则达成的最重要成果之一。而保留和不符措施（见表 6 - 6）则较详细规定了"负面清单"的基本纪律，并列出了涉及投资领域的不符措施清单。RCEP 协定生效后应给予成员国投资者"非歧视"待遇，尤其是市场准入层面。值得注意的是，负面清单仅包含非服务业（如农林牧副渔业等），相关承诺（协定附件二）。成员方只允许通过负面清单列出本国采取的与投资章节四个义务（国民待遇、最惠国待遇、禁止业绩要求、高级管理人员和董事会）不符的措施，其他义务不能通过负面清单进行保留。负面清单属于国际协定，并不等同于一国的外资准入政策。此外，从清单结构看，各成员方负面清单包括清单一和清单二，作此区分的原因在于两个清单适用的规则不同。前者聚焦现存的不符措施，这些措施在过渡期内适用冻结规则，过渡期满适用棘轮规则。后者主要涉及一些敏感领域，保留完全的政策空间，成员国未来可以在这些领域对外国投资采取严格的限制措施。由此可见，RCEP 投资负面清单有效提高了成员国外资政策的透明度和可预见性，为投资者顺利进入成员国开展投资提供了清晰具体的政策指引。

表 6 - 6　　　清单一和清单二——以新加坡、马来西亚、泰国和越南为例

国家	清单一 （现行不符措施涉及的行业）	清单二 （可能采取不符措施的行业）	其他
新加坡	建筑设计；公共会计；土地勘察；专利代理；人力派遣；专业工程服务；不动产服务；私人调查和非武装护卫；医师培训高等教育；医疗服务；进出口贸易；电信服务；供电服务；电力传输和配送；旅游服务；污水处置；有害物质的分销和销售；啤酒、雪茄；拉钢产品；口香糖；香烟和火柴的生产；医疗及保健产品和材料的批发零售及分销；人造气和天然气的运输和分销；车辆租赁服务；海运及相关服务；国家公园运营	国家电力系统的管理和运营；武器和炸药；广播服务；娱乐和文化服务；专利代理；武装押运和护卫服务；博彩服务；法律服务；以合作社团和工会形式提供服务；报纸的分销、出版和印刷；分销；佣金代理；批发零售；特许经营；中小学教育；医疗服务；政府记录的存档服务；博物馆；纪念场馆；外籍员工的住宿服务；污水处置；其他环保服务；邮政服务；电信服务；饮用水供应；运输及配套服务；酒精饮料和烟草的批发和零售；核能；金融服务	清单二之附表《金融服务具体承诺表》
马来西亚	海洋捕鱼；知识产权代理；工程；建筑设计；土地勘察；工程量测量服务；不动产服务；电信服务；教育；个人健康护理；报关代理和中介服务；旅游和导游服务；国际海运；建筑施工及相关的工程服务；陆路运输；蜡染布料和服装的生产；石油；棕榈油；凤梨加工；法律服务；商品批发和零售；与马术运动相关的兽医服务	不动产服务收购、交易或运营；油气开采；航空；专利代理；渔业；武装弹药的制造、组装、营销和分销；博彩；发电；文化产品和服务；米、糖、面粉；酒精饮料；烟草；蜡染面料和服务；玻璃制品；生物柴油；机电设备；机动车；基础金属；水泥；电动机器的生产、批发和分销；污水和废物处理；航空运输；陆路客运；法律服务；社会保障服务；与马术运动相关的兽医服务；私人医疗保健服务；传统和现代医药服务；涉及实体商店的分销服务；公共事业服务；武装押运和武装护卫服务；建筑勘察；教育；科研服务；邮政服务；矿产开采；农业；林业；专业商务服务；租赁服务；通信服务；金融服务	附表《金融服务具体承诺表》

续表

国家	清单一 （现行不符合措施涉及的行业）	清单二 （可能采取不符合措施的行业）	其他
泰国	扑克牌生产和进口；纸钞和硬币的生产和发行；博彩生产、管理和分销；洋葱种子培育；三文鱼和大蟹虾养殖；大理石开采；油气开采；烟草产品生产；海洋捕鱼；牛的养殖	农业；渔业；林业；采矿和能源；制造业；任何新型产业；土地取得和交易；证券投资；外汇交易；服务业；工业园	以下制造业允许外商独资：机动车；机动车及其引擎的零部件和配件；家具（木雕家具除外）；纺织成品的加工（泰丝的生产、纺织和印刷除外）；纺织纤维的制造、纺织（泰丝除外）；塑料产品；LED 灯和照明设备；电动马达；发电机和变压器；电灯和照明设备；电视机、收音机、录音录像设备和附属产品；体育用品；多用途工业机器人；绝缘线缆；办公周边设备；旅行箱包和手袋等；钟表；奶制品；淀粉和淀粉产品；意大利通心粉；食品加工
越南	航空器制造；铁路车辆和部件的制造	土地的取得和运营；烟花爆竹的生产；孔明灯的生产；爆炸材料的生产和供应；出版服务；印刷服务；通信产品的再造和翻新；香烟和雪茄的生产；酒精饮料的生产；烟草的生产；29 座以上车辆的生产和组装；黄金的生产；油气开采；矿物开采；渔业和水产业；林业和狩猎业；珍稀动植物的繁育和加工；电力开发；工业爆破设备的生产；水泥的生产；混凝土的生产；汽车的组装和生产；摩托车的组装和生产；传统市集；武器、炸药和配套工具；核能；港口和机场；用作普通建筑材料的矿物开采；出版、印刷、电台和电视广播	

资料来源：RCEP 投资协定《附件三》。

需要注意的是，投资负面清单并非固定不变。首先，需要满足冻结机制和棘轮机制条件，缔约方才能有权对纳入《清单一》的措施进行修订。其次，各方还有权限对《清单二》所列的措施进行修改，或对《清单二》未予明确的措施予以细化，以上修改和细化不受冻结机制和棘轮机制的约束。

六是投资争端解决机制。投资争端主要包括成员国间的争端（SSDS）和投资国与东道国之间的争端（ISDS），前者适用于 RCEP 协定第 19 章（争端解决），后者依据 RCEP 投资章第 18 条相关规定"缔约方在不迟于协定生效之日后的 2 年内进行讨论，在讨论开始后 3 年内结束"。由此可见，目前 RCEP 投资规则尚未出台具体有效的 ISDS 规定。

综上分析，在 RCEP 正式生效和逐步实施的背景下，中国企业有意到东盟国家进行直接投资的，可以采用如下思路：一是查询其投资计划在东道国是否满足 RCEP 投资承诺的负面清单，确定目标行业是否为该国所限制的范畴；二是如果投资行业受到限制，企业应采取审慎态度，多方面了解具体限制条件及相关审批要求，再采取投资行动；三是如果企业发现难以满足审批要件，还可以评估投资项目能否享受东道国投资促进优惠待遇。总体而言，未来中国企业"走出去"到东盟国家开展直接投资，必须深度结合 RCEP 投资规则并充分考虑东道国相关投资制度和政策，进行全面分析、认真比较和综合权衡，唯此方能在有效规避投资障碍的同时，确保投资安全和利益。

6.5　本章小结

本章首先回顾了中国与东盟自贸区建设实施及其取得的重要成就，并对新冠肺炎疫情趋紧背景下，双方坚持多边主义和国际合作抗疫原则，共同推动贸易和投资增长的现状作了简要分析。同时，重点对新近正式签署生效的《区域全面经济伙伴关系协定》（RCEP），从核心内容、重大意义、典型特征等方面进行了深入解读，并从政府和企业两个维度对我国企业如何充分利用这一合作框架，加快对东盟投资和贸易合作提出了意见及建议。彰显了中国与东盟进一步开展双边投资和贸易的坚实基础和美好愿景。同时，聚焦 RCEP、CPTPP 与《外商投资法》中与外商投资相关的规则和内容进行了比较分析，并对 RCEP 投资规则促进与相关限制作出阐释，以期明确新发展阶段我国外商投资法与国际投资规则存在的差距，不断完善相关规定，助推我国企业"走出去"高质量参与国际投资与合作。

第7章　共建更为紧密的中国—
东盟命运共同体

　　伴随中国与东盟经贸务实合作的深入推进，疫情后双方携手共同推进中国—东盟共同体建设将成为大势所趋。这一判断不仅是源自对中国与东盟开启对话30年来的双方合作实践的历史总结，也是国际政治经济发展与演变背景下，东亚区域经济深入发展的必然选择和合作方向（雷小华，2022）。中国与东盟在各领域务实合作为未来深度合作奠定了坚实基础，同时双方在协同发展、全球治理以及可持续发展等国际合作新理念方面存在一致性，这为进一步推动经贸等领域合作提供了理论支撑与政策保障。此外，除传统的经贸合作外，双方还就金融危机防控、地震、海啸以及飓风应对等各类非传统安全威胁领域开展紧密合作，区域深入合作已成为双方共识（王健，2022）。特别是当下，中国与东盟联合抗疫取得显著成效，更为加快推动中国—东盟命运共同体构建注入新的活力和动力。未来，中国与东盟携手共建命运共同体必然会迈向全新的、更高的台阶（卢国学，2021）。

　　经贸合作及其显著成效是促进中国与东盟共建"命运共同体"基石和前提。当前，中国与东盟经贸合作范围仍在持续扩展，合作深度日益增强。2021年中国与东盟开启"全面战略伙伴关系"建设新征程。此外，双方在互联互通、数字经济、绿色经济以及循环经济等重要领域不断加强探索与合作。2022年1月《区域全面经济伙伴关系协定》（RCEP）正式签署落地，更为双方进一步提高经贸合作水平增添新的动力，继而为推动中国与东盟携手共建命运共同体提供强劲动能。

7.1　构建的基础与条件

1. 经贸合作量质提升

中国与东盟开启对话进程 30 多年来，双方各领域务实合作持续深入推进，合作成效极其显著，尤其是在投资、贸易以及基础设施建设等关键领域。海关数据显示，中国与东盟贸易规模从 1991 年的 83.6 亿美元迅猛增至 2020 年的 6852.8 亿美元，19 年间增长了 81.97 倍，年均增长约 16.5%，其中，出口贸易规模从 44.5 亿美元迅速提高至 3836.8 亿美元，19 年间增长了 86.22 倍，年均增长约 16.4%；进口规模从 39.1 亿美元快速提升至 3016 亿美元，19 年间增长了 77.14 倍，年均增长约 16.5%。2021 年的前 11 个月，中国与东盟贸易总规模高达 5.11 万亿元，同比增长了 20.6%。其中，中国对东盟出口贸易规模为 2.81 万亿元，同比增长了 18.9%；从东盟进口规模达到 2.3 万亿元，同比增长了 22.8%。在双方经贸合作的密切程度、质量、潜力以及活力等多个维度均展现出较高水平与美好前景。尤其是近年来，中国与东盟携手共促"一带一路"倡议与东盟各国发展战略规划衔接对接，进一步加快提升命运共同体建设进程，共同确立双方战略伙伴关系 2030 年愿景。与此同时，现阶段中国正加快推进"双循环"新发展格局构建，创新激发"大市场"消费潜力，进一步扩大改革与开放力度，加快推进投资和贸易更自由便利化。未来，双方经贸合作关系必将日趋紧密，合作空间更加广阔。

2. 投资领域持续扩展

目前，基础设施建设领域的投资合作已成为中国与东盟合作的重要领域，除了传统的制造业、采矿业以及批发零售等行业之外，双方还就农业、供水、电信、电力、基础设施、数字经济、高新技术以及绿色经济等展开探索合作。伴随着"一带一路"倡议深入实施，以及双方共促倡议与《东盟互联互通总体规划 2025》战略紧密对接，中国与东盟在基础设施互联互通方面创新合作方式并持续发力，进一步加强公路、铁路、桥梁、机场、港口以及电网等重点领域合作，形成一批代表性成果，如中老铁路顺利开通运营；印尼雅万高铁以及中新共建国际陆海贸易新通道合作取得新突破；中马"两国双园"等重点项目顺利实施等。目前，中国在东盟境内工程承包合作完成总规模达到3500亿美元，跨国投资企业4000余家，解决当地就业人数达30万余人，强有力拉动了当地经济发展。值得一提的是，目前西部陆海新通道已实现"海铁联运班列"航线从2017年的1条（渝桂新）快速拓展至6个方向的常态化开行新局面，为西部地区货物贸易出境与出海提供了重要保障，更为未来在RCEP框架下中国与东盟经贸往来开辟快速便捷化大通道。

3. 产能合作深入推进

新冠肺炎疫情暴发之前，东盟颁布了《面向"工业4.0"的产业转型宣言》（吴崇伯、姚云贵，2019），提出以数字技术和创新驱动，加快推动东盟产业数字化转型，新加坡、印度尼西亚等国家相继实施了面向"工业4.0"产业转型升级的重点领域和部门，但疫情突如其来严重阻碍了这一进程。中国与东盟国家处于不同发展阶段，要素资源和比较优势各异，东盟各国布局"工业4.0"的重点方向和领域极为相似，为双方深化产能合作创造了有利条件。基于此，双方可在现有合作基础上，遵循"东盟所需+中国所长"基本原则，优选传统产业转型升级与新兴产业布局领域合作。借力大数据、互联网等先进技术，促动东盟传统产业转型升级与中小企业数字化转型；加大新基建领域合作力度，如新能源、智能制造、新材料、现代通信等领域；着力推进市场前景广阔、要素保障有力、政策服务健全等的合作项目，打造形成"区域产能合作"示范区。以区域产业转型与产能合作为重要抓手，在合作中探寻新的合作空间和增长点。

4. 人文交流日益频繁

为持续推动中国与东盟人文交流合作不断深入，2005年8月在泰国曼谷双方正式签署了"文化合作谅解备忘录"，这是中国首次与区域组织签订的文化合作方面的文件，目的在于加强中国与东盟各成员文化交流合作，并致力于实现共同研发及信息共享，同时聚焦于文化遗产保护、研发以及文化人才培育展开深入合作（黄朝阳，2020）。由此，中国与东盟十国文化交流合作迈向新的发展时期，日益成为双方合作的重要领域。伴随着"中国—东盟命运共同体"构想提出，旨在促进双方文化交流与合作得到高度重视，人员交往规模持续扩大，同时构建了关于促进文化产业深度合作、教育交流扩大开放与合作、青少年扩大交流以及旅游合作等方面的体制机制，双方互访人数及频次屡创新高。

在投资、贸易、基础设施以及人文交流合作日益增强的背景下，中国与东盟经济高质量合作迈向新的征程。基于此，2019 年 8 月《中华人民共和国与东南亚国家联盟关于修订〈中国—东盟全面经济合作框架协议〉及项下部分协议的议定书》原产地规则生效落地，彰显了"中国—东盟自贸协定升级版"正式开启实施。在自贸协定新政策影响下，2020 年中国与东盟成功实现互为第一大贸易伙伴关系，并由此正式签署生效了区域全面经济伙伴关系协定（RCEP），成为中国与东盟 30 年来深入合作的标志性成果，充分体现了双方在高质量推动共建区域经济一体化层面形成"你中有我，我中有你"的新格局（曹云华、李均锁，2020）。由此，新格局将进一步促进中国与东盟关系日益密切，合作深度日渐提高，为推动中国—东盟命运共同体构建打下坚实基础、创造了必要条件。

5. 区域经济一体化深化

伴随区域全面经济伙伴关系协定（RCEP）落地生效实施，同时，中国与柬埔寨自贸协定亦正式生效，中国—新加坡自贸协定升级谈判不断深入。基于此，中国与东盟进一步加强探索自贸区 3.0 版可行性研究，以拓宽数字经济、绿色经济等新兴领域的合作，力争早日启动谈判并形成成果，与东盟国家合力打造更具包容性、现代化、全覆盖以及高互惠的自贸协定，致力于形成域内高效统一的经贸规则新体系，驱动中国与东盟十国快速实现从"要素开放"向"制度开放"转变（罗晓斐、韩永辉，2022）。未来，双方还应牢牢抓住 RCEP落地实施新机遇，同时对标对表国际更高水平的经贸规则，着力推动域内规则与其相衔接及对接，共同营建国际化、市场化、法治化和便利化的一流区域营商环境，持续发力提高区域投资和贸易自由便利化程度，进一步推动中国与东盟深化经贸等多领域深度合作，营建双方探索共建更紧密"中国—东盟命运共同体"的政策及制度环境。

7.2　心理认知与价值判断

经贸等多领域合作业绩是推动双方共建更紧密"中国—东盟命运共同体"的经济基础，这仅是必要条件，作为区域性的重大举措和共同行动，还须在

"合作理念"及"认识"等层面达成共识，这是决定中国与东盟能否实现共建合作"行稳致远"的理论要件（翟崑，2022）。需要强调的是，致力于推动双方携手共建更紧密的"中国—东盟命运共同体既是应对国际政治经济环境变化的必然选择，也是通过国际经济合作以实现自身利益最大化的决策。这需要合作各方在合作思想上要形成高度的共识，同时对当下的可持续发展、绿色发展、全球治理以及国际权力等新型国际关系具有大体相近或相同的价值判断与心理认知。20世纪90年代以前，国家关系特别是经济利益关系被认为是"零和博弈"的关系，据此，引发诸多国际摩擦与冲突，给国际政治与经济交流合作带来巨大不确定性。冷战结束后，伴随科技革命与产业变革加速演变以及经济全球化持续推进，资本、人员、技术以及信息等要素资源实现国家化自由流动，国与国之间的依赖度日渐加深。由此，国际社会被描述为"相互依存"的紧密共同体或"地球村"以及"地球公民"等相互依存的新局面，这一基本认知成为新时代加快推动与发展新型国际关系的有力共识。此后，伴随亚洲金融危机（1997）、国际金融危机（2008）等爆发，对世界各国经济发展的影响深远且广泛，国际社会对"相互依存"理念的认知更趋深刻，这意味着不同国家对如金融危机等重大安全事件影响的破坏性有了更清晰认知。国际社会唯有"互助合作""同舟共济"才能"共克危机"，相互依存新安全关由此产生。

经济全球化深入推进与区域经济一体化加速演变，国际经济两大形态相互交织、相互影响与并行发展，这是对国家安全观以及权利观念认知的转变，也是世界各国深刻反思传统的"国家利益"安全观的新认识。每个国家都是这个"共同利益"链条上的一环，任何环节或片段出现问题都必将会"全球利益链"中断。基于此，各国对自身利益、共同利益和全球利益三者之间的关系有了全新的认识和判断，即在追求自身利益的同时也应兼顾对方的利益，在谋取区域利益的同时也须考虑国际道义和全球责任等（王玉主，2016）。这种开放的"利益观"不仅是开展国际合作的基本前提，也是后工业化时代践行国际行为的必然要求。特别是人类步入工业化以后，开发和利用自然资源的能力大幅度提升，但由此导致的环境污染、地震海啸等，以及公共卫生领域的各种"非传统安全"事件（如新冠肺炎疫情）频繁发生，给人类带来巨大灾难，严重影响生产生活。由此，引发国际社会和公众深度思考，更加注重可持续发展、绿色发展等，主动倡导并积极参与全球治理以构建形成"新型国际关系"成为各国的一致性共识。

"合作共赢"是新型国际关系的核心要义（许利平，2022），其核心基础是"相互尊重"与"公平正义"，这一认知超越了国家、文化、种族与意识形态的基本界限，从全球视角倡导共建"人类命运共同体"意识，在不断提高全球共同利益的同时，兼顾"本国利益"与"他国合理关切"，在实现本国利益最大化的同时带动其他国家共同发展，致力于营建更趋平等与均衡的新型国际关系，风险共担、利益共享，互促发展。相较于传统的"你输我赢、你失我得"的零和博弈思维，"合作共赢"方能推动彼此在互惠互利中实现各方共同价值收益（门洪华，2016）。这一"新型国际关系"以尊重各国的制度模式、发展方式以及文化风俗等为基本前提，并将其作为深入推动国际交流与合作的出发点与落脚点。始终主张公平与正义，坚决反对恃强凌弱以及以大欺小。

综上可见，当前以"相互依存""互利互惠"为基本出发点，由以相互依存的可持续发展观、共同利益观、国际权力观以及全球治理观等共识构成的认知，已成为推动新型国际关系发展的基本遵循。同时，坚持相互尊重、公平正义与合作共赢等理念，也已成为未来推动中国与东盟密切合作推动构建更紧密"命运共同体"的价值判断及心理认知。

7.3　构建的关键着力点

经历 30 多年合作与发展，中国与东盟目前已成为互为第一大贸易伙伴，也是新时代区域经济合作最具活力的成功典范与最富内涵的战略伙伴。在新的背景下，持续深入拓展与提升中国与东盟战略伙伴关系，必须要进一步扩展视野、明确方向，充分利用自身区域等比较优势，在复杂多变的国际新环境下，统筹推进双方发展规划，强化域内成员团结合作，全面深刻把握未来构建更加紧密的"中国—东盟命运共同体"的关键着力点（鹿心社，2021），方能够持续提升双方的战略伙伴关系向更高水平迈进。

一是明确构建主要方向，坚定未来合作信心。2021 年 11 月，在中国与东盟开启对话关系 30 周年纪念峰会上，各成员国相聚"云端"，就 30 年来双方发展历程及成效进行历史性经验总结，并描述美好未来前景。会议期间，习近平主席发表了题为《命运与共 共建家园》的重要讲话，在全面系统总结过往双方 30 多年的合作经验前提下，率先提出携手"共建和平家园""共建安宁家园""共建繁荣家园""共建美丽家园""共建友好家园"5 个方面的建议，同时宣布建立中国—东盟"全面战略伙伴关系"（江瑞平，2022）。这一里程碑式的宣布，不但为疫情后推动双方致力于构建"中国—东盟命运共同体"擘画了未来蓝图、指出了新的目标和方向，更为进一步促进东亚地区的经济繁荣发展注入了新的活力和动力，同时也为世界经济复苏发展提供了新的动能。

二是发挥区位比较优势，坚持守望相助。中国与东盟山水相连，是搬不走的好邻居。"远亲不如近邻"的处世哲学，以及"与邻为善"是千百年来中华民族与邻相处始终恪守的信条。据此，中国率先提出了"和平共处"五原则及"万隆精神"，在开启与东盟对话关系中积极主动加入《东南亚友好合作条约》，同时在发展模式及发展方向上尊重东盟各国水平与差异，求同存异，真诚沟通，妥善处理双方合作存在的重大利益分歧及问题（张蕴岭，2021）。基于此，在对方出现飓风海啸、地质灾害以及公共卫生事件等重大灾害时，中国都义无反顾地伸出援助之手，当前疫情下的联合抗疫是双方坚守相助合作理念的重要体现之一。

三是着力提升政治互信，促进战略对接。政治互信是开展合作的重要前提，自中国探索提出"一带一路"倡议以来，始终将东盟地区作为沿线国际经济合作的重点领域和优先方向。双方秉持"共商、共建、共享"基本原则，共促"一带一路"高质量共建，并取得显著成效。特别是双方陆续发布了《中国—东盟战略伙伴关系 2030 年愿景》《中国—东盟关于"一带一路"倡议同〈东盟互联互通总体规划 2025〉对接合作的联合声明》《落实中国—东盟战略伙伴关系联合宣言的行动计划（2021—2025）》等系列成果文件，深入推动双方务实合作（郭朝先、刘芳，2020），形成如中老铁路、中泰铁路、雅万高铁以及越南河内轻轨等一大批具有代表性的"一带一路"合作重大工程项目，为中国与东盟各国人民带来极其丰硕的成果。提升政治互信及战略互信，有利于夯实中国与东盟合作基础，进一步扩大双方合作领域，共创高质量合作业绩与成果（罗圣荣，2022）。围绕"一带一路"相关领域的合作切实为促进双方战略对接、统筹兼顾彼此发展利益带来巨大红利，受到中国与东盟各国的普遍欢迎，这也成为未来双方携手共同打造更紧密的中国—东盟命运共同体的重要内容。

四是共促区域经济融合，推进经济一体化。由于东盟各成员产业链条不完备，且存在产业结构高度同质现象，降低了东盟各国之间贸易合作的活力，难以实现其内部高质量发展。对此，东盟各国有寻求与其他国家共建自由贸易区的动机强烈。目前，东盟已与六个国家达成了五个自贸协定，对推动快速签署生效区域全面经济伙伴关系协定（RCEP）产生积极影响。在此过程中，中国一直是东盟各国优先合作的伙伴。

五是加强身份认同重塑，拓展人文交流。中国与东盟各国人文交流密切、互动历史悠久。现阶段，双方仍保持着紧密的社会交往，特别是文化领域的合作项目日渐增多，为加快实现区域经济一体化高质量发展提供坚实保障（赵祺、罗圣荣，2022）。疫情期间，中国先后向东盟部分国家分批派遣医疗队，并提供大量的医疗物资，对东盟国家克服疫情影响，尽快实现复工复产发挥了重要作用。由此而展现的双方"同舟共济""患难与共"的互利合作本质，是新时代促动中国与东盟深化各领域合作的新动力。

六是全面把握国际形势，增强集体协作。自古以来，东南亚地区既是中国"海上丝绸之路"的重要枢纽，也是连接国际贸易的"重要路线"。当前的"一带一路"与古代的"丝绸之路"相比较而言，其覆盖的区域更广泛，路线也更长，同时面临的地缘环境也更趋复杂。"一带一路"作为促进世界各国谋合作、促发展的大舞台，除了沿线国家和地区外，还涉及域外国家和地区，以及国际性和区域性组织和机构，日益成为世界各国开展合作的重要角逐之地（周士新，2020）。对此，中国与东盟各国在深化与"一带一路"沿线合作中，应高度重视在"传统安全"以及"非传统安全"等多领域的密切合作，合力应对突发事件，共促互利共赢发展（杜兰，2021）。如当前中国与东盟在抗疫中展现的紧密合作，双方领导人通过采取互访、电话交流、视频会议以及信函传递等不同方式传递抗疫信心，同时针对某些具体事项进行磋商合作并达成共识。此外，还通过多次派遣医疗队、提供医疗物质援助等形式（王娟、刘禄宁，2022），深入推进公共安全领域安全合作。

由此可见，未来中国与东盟深化各领域合作，双方还均需保持战略定力，不断强化内部团结协作，对国际新形势进行全面深度研究与预判，像过去30多年一样，遵循相互尊重、合作共赢、守望相助、包容互鉴的历史成功经验，在后疫情时代携手共同推动中国—东盟命运共同体建设，为一进步推动区域经济格局调整、创新引领新兴市场崛起提供新动能。同时，为驱动世界经济重心东移、促进全球治理变革等提供新的区域方案和智慧。由此，双方通过进一步深化投资和贸易等领域合作，着力推动从"利益共同体"向"命运共同体"转变，为打造形成更为紧密的命运共同体筑牢坚实基础（阮建平、陆广济，2018）。

7.4　本章小结

中国与东盟开启对话进程30多年来，双方经贸务实合作深入推进，合作范围持续拓宽，合作程度日益加深，合作成效特别显著。目前，伴随自贸区高质量共建启航，全面战略伙伴关系正式建立，以及《区域全面经济伙伴关系协定》（RCEP）落地生效等，为双方进一步加强政治、经济以及人文等多领域交流合作注入新的活力和动力。基于此，推动双方利益共同体建设转向命运共同体构建恰逢其时，但还需明确双方的发展要求和利益诉求，妥善应对重大合作分歧，深刻把握和认知构建的关键着力点，加快推动构建形成更为紧密的命运共同体。

第8章 主要结论与对策建议

理论分析、实证研究和实践检验均表明，对外直接投资具有替代或互补效应。当前，世界经济复苏乏力、增长动能严重不足，尤其是 2020 年初暴发的新冠肺炎疫情，给世界经济造成巨大冲击。新常态下，中国经济面临较大下行压力，加上中美贸易摩擦叠加疫情冲击影响，中国对外投资和贸易面临更加严峻的形势。东盟是中国对外投资的重点地区，也是中国重要的贸易伙伴（霍林等，2021）。目前，双方已经形成了对外直接投资与进出口贸易互动发展的良好局面。2020 年 11 月，中国签署了《区域全面经济伙伴关系协定》，为双方进一步扩展投资和贸易合作创造了新的契机。基于此，本书以中国对东盟 OFDI 为切入点，通过理论分析与实证研究、文献梳理与案例解读等相结合的方法，重点从对外直接投资影响进出口的贸易规模及其结构两个维度，探索研究中国对东盟 OFDI 的贸易效应，形成的主要结论及提出的政策建议，对进一步推动中国对东盟深入开展投资和贸易合作具有重要决策参考价值。

8.1 主要结论

根据定性分析和实证研究相结合考察，形成以下主要结论。

一是中国对东盟 OFDI 规模不断扩大。从投资国别看，主要集中在新加坡、印度尼西亚、老挝、马来西亚和泰国等国家；从投资行业看，主要聚焦制造业、租赁与商务服务业、批发和零售业、电力/热力/燃气及水的生产和供应业、采矿业等行业；从投资地位看，中国对东盟直接投资在"一带一路"沿线 OFDI 总量中的占比逐渐提高；从投资风险看，新加坡、柬埔寨等国家风险相对偏低。但是，受负面国际舆论、国内企业对东盟投资环境了解不深入等因素影响，需防范投资反弹。

二是中国对东盟贸易规模不断扩大。双方贸易额呈现逐年增加良好态势，从出口国别看，主要集中于越南、新加坡、马来西亚、印度尼西亚和泰国；从进口国别看，主要聚焦于马来西亚、越南、泰国、新加坡和印度尼西亚；从出口结构看，主要集中在第 16 类机电、音像设备及其零件、附件商品，第 11 类纺织原料及纺织制品、第 15 类贱金属及其制品，第 20 类杂项制品和第 6 类化学工业及其相关工业产品；从进口结构看，主要聚焦于第 16 类机电、音像设备及其零件、附件商品，第 5 类矿产品，第 6 类化学工业及其相关工业的产品，第 18 类光学、医疗等设备、钟表和乐器出口和第 17 类车辆、航空器、船舶及运输设备；从贸易地位看，2018～2020 年，东盟实现"赶欧超美"，成为中国第一大贸易伙伴。需要说明的是，近年来产业链外迁引致我国 OFDI、资本品及中间品出口是驱动中国与东盟贸易增长的关键因素。新冠肺炎疫情影响叠加海外产业回流政策引导，将推动业链加速外迁。因此，中国应重视尤其是制造业产业链过快向东盟等地区迁移，谨防"产业空心化"风险。

三是贸易规模效应存在异质性。基于引力模型实证研究得出，我国对东盟 OFDI 存在明显的出口创造效应，但对反向进口贸易的影响不明显，即并未形成增进出口的效应。

四是贸易结构效应具有差异性。运用引力模型实证研究得到：从出口产品结构看，我国对东盟各国直接投资具有显著出口替代效应，但存在异质性特征，对工业制成品总出口及资源与劳动密集型产品出口具有显著出口替代效应，但对初级产品出口和资本与技术密集型产品出口均不显著，并未表现出明显出口创造或替代效应；从进口产品结构看，我国对东盟各国直接投资对初级产品进口、工业制成品总进口及资源与劳动密集型产品进口均具有显著反向进口效应，但对资本与技术密集型产品进口，并未表现出明显的反向进口效应。

五是中国与东盟合作迈向高水平。自 2002 年中国与东盟开启自贸区磋商谈判并成功签署《中国与东盟全面经济合作框架协议》，至 2020 年双方签署落地《区域全面经济伙伴关系协定》（RCEP）。经过双方近 20 年的持续深入探索，中国与东盟致力于推动自贸区建设步入"快速通道"。由此，高质量推进双方在投资和贸易领域更广泛合作，有利于打造中国与东盟"利益共同体"，为推动形成更紧密的"命运共同体"奠定坚实基础。

8.2 投资促进

8.2.1 中国对外投资促进

近年来，中国与东盟着力促进"一带一路"倡议与东盟各国重大发展战略精准对接，加快促动构建中国—东盟命运共同体，确立了战略伙伴关系2030年愿景。同时，中国与东盟坚持自由贸易、坚决反对保护主义，持续探索推进中国与东盟自贸区升级落地，进一步推进《区域全面经济伙伴关系协定》全面实施。此外，还就经济技术以及人力资源培训开展紧密合作，加强国际产能、电子商务、数字经济等新领域合作。未来，中国与东盟经贸关系将更加密切，必将迎来更多发展机遇和更广合作空间。中国和东盟是友好的近邻、相助协作的朋友和同舟共济的伙伴。未来，双方还应不断开拓思路，探寻新的增长点，推动更高水平的双方经贸合作，夯实中国—东盟关系的"压舱石"，为新时代进一步推动双方经贸关系稳定健康发展，进而打造形成中国—东盟命运共同体筑牢基础（翟崑、陈旖琦，2020）。

1. 发展历程

改革开放40多年来，中国对外投资从规模日益扩大，质量效益不断提升，中国资本在全球影响力不断提高。在世界经贸摩擦持续升级、欧美等发达国家进一步强化外资安全审查下，我国OFDI依据自身制度及政策优势，充分发挥企业比较优势，对外投资逆势增长。商务部统计数据显示，2018年中国OFDI规模高达1430.4亿美元，排名全球第二位；OFDI存量达1.98万亿美元，排名世界第三位。2019年，世界经济增速创2008年金融危机以来的新低水平，国际货物贸易增速呈现持续放缓趋势，全球OFDI流量连续3年下降之后，出现同比增长33.2%。相较而言，中国经济运行态势良好，对外开放水平持续提升，国家积极创造多元有利条件引导企业"走出去"开展OFDI。到了2019年，中国OFDI流量达到1369.1亿美元，持续保持全球第二位次（如图8-1所示）。新时期，中国已经从"举外债、引外资"向着力促进"双向"投资更均衡发展的新阶段迈进（赵蓓文、李丹，2019）。

| 初始起步阶段 (1979~1991年)：这一时期改革开放基本国策确立，欠发达条件下，呈现国内储蓄和"外汇"双缺口。我国对外直接投资规模小、管制严，对外直接投资增速缓慢 | 调整发展阶段 (1992~2000年)：这一阶段对外直接投资逐步上升至国家战略，对外直接投资快速发展，投资存量从1992年的93.68亿美元，逐渐增至2000年的277.68亿美元，存量规模增长了近3倍 | 高速增长阶段 (2001~2016年)、加入WTO后，对外直接投资步入高速增长阶段，对外投资的国别和产业范围日益扩大，对外直接投资成就凸显，2015年和2016年蝉联全球第二大投资国 | 高速增长阶段 (2017年至今)：党的十九大以来，我国政府不断强化对外投资监管，尽管投资速度有所放缓，但投资结构和质量稳步提升。2019年，中国对外直接投资流量1369.1亿美元，蝉联全球第二位 |

图 8 - 1　中国对外直接投资发展与演进历程

2. 政策演变

中国对外投资促进政策演变与改革开放进程紧密相关，也即伴随中国经济实力不断提升，国际综合竞争力不断增强，在更大范围和更高层次参与国际经济合作和竞争（高鹏飞等，2019）。与之相适应，中国对外直接投资政策呈政府驱动态势发展与演变，从"走出去"战略的提出到将此战略提升为国家战略，以及"一带一路"倡议提出、《区域全面经济伙伴关系协定》等正式签署生效，为中国对外直接投资开辟了新方向，彰显出中国政府从"鼓励"对外投资向"推动"对外投资转变（见表 8 - 1）。

表 8 - 1　　　　　　中国对外直接投资促进政策发展与演变

年份	会议与政策文件	相关内容
1998	中共十五届二中全会	鼓励支持中国有条件的国有企业"走出去"；"走出去"战略基本确定
1999	《关于鼓励企业开展境外带料加工装配业务意见的通知》	鼓励中国具有比较优势的轻工、服装加工等企业到境外开展带料加工装配业务
2000	全国人大九届三次会议	将"走出去"战略提高至国家战略层面
2001	《国民经济和社会发展第十个五年计划纲要》	鼓励能够发挥中国比较优势的对外投资，扩大国际经济技术合作的领域、途径和方式
2002	中共十六大会议	提出"引进来"和"走出去"相结合，全面提高对外开放水平
2004	《关于境外投资开办企业核准事项的规定》	支持和鼓励有比较优势的各种所有制企业赴境外投资开办企业，金融机构安排"境外投资专项贷款"
2005	《关于推进信息产业企业"走出去"的若干意见》	支持和鼓励中国信息产业"走出去"
2007	中共十七大会议	"引进来"和"走出去"更好结合起来，中国对外直接投资迈进新阶段

续表

年份	会议与政策文件	相关内容
2007	《关于鼓励支持和引导非公有制企业对外投资合作的意见》	鼓励和支持中国轻工业、纺织服装业等非公有制企业进行境外投资合作
2012	中共十八大会议	加快"走出去"步伐，增强企业国际化经营能力，培育一批世界水平的跨国公司
2013	中共十八届三中全会	"一带一路"倡议提出，为中国企业"走出去"提供新的战略机遇
2015	中共十八届五中全会	提出五大发展理念，力推高质量"走出去"与"引进来"相结合
2015	《关于推进国际产能和装备制造合作的指导意见》	立足国内优势和市场需求，推动铁路、电力、等国际产能和装备制造业"走出去"
2016	国家"十三五"规划纲要	"引进来"和"走出去"并重，发展更高层次开放型经济
2016	《促进中小企业国际化发展五年行动计划（2016~2020年）》	支持中小企业融入全球价值链，加强对外经济合作
2017	商务部例行发布会	支持国内有能力和有条件的企业，开展真实合规的对外投资活动
2019	商务部例行发布会	鼓励各类企业，按照市场原则和国际惯例开展对外投资合作

资料来源：根据智研咨询公开资料整理。

8.2.2　东盟外资吸引政策

1. 投资环境日渐完善

从整体层面来看，东盟投资吸引优势主要聚焦于四个方面：一是这一区域拥有大约6.5亿人口，市场规模庞大与潜力巨大；二是2015年东盟经济共同体正式成立，其消费市场规模预计在未来20年间将出现迅猛发展趋势。此外，还将带动区域内贸易维持约30%的增长率；三是产业链条较为完备，从低成本的制造业到高科技的生物产业，东盟各成员拥有差异性的比较优势及竞争力；四是伴随东盟加快推进区域经济一体化进程，域内对制造业、银行业、交通基础设施以及通信等主要领域的投资将日益增多，同时对高科技领域的投资日渐增强。世界经济论坛《2019年全球竞争力报告》数据显示，全球141个经济体参加竞争力排名，其中东盟7个国家排名处于前100位，而新加坡更是居全球第一位次。此外，世界银行《2020年营商环境报告》数据显示，在全球190个国家中，东盟有6个国家营商环境排名在前100位，特别是新加坡排名第二位（见表8-2）。

表 8 – 2 东盟国家投资环境指数全球排名

国家	2019 年全球竞争力排名	2020 年全球营商环境排名
新加坡	1	2
马来西亚	27	12
泰国	40	21
印度尼西亚	50	73
文莱	56	66
菲律宾	64	95
越南	67	70
柬埔寨	106	144
老挝	113	154
缅甸	—	165

资料来源：根据《2019 年全球竞争力报告》和《2019 年营商环境报告》数据整理。

2. 重点产业引资力度趋强

2010 年第十七届东盟领导人会议通过《东盟互联互通总体规划》，这一规划旨在为未来推动建成东盟共同体而做出的重大举措（魏民，2015）。2015 年第十八届东盟领导人会议强调各方应采取更积极主动的措施协调、切实推进《东盟互联互通总体规划》有关安排落地见效。各国表示需要尽快推动共同体共建，以加快促进各国互联互通，特别是在交通以及通信等基础设施领域深化强化合作，同时进一步强化各国人民之间的交流与合作。2016 年 9 月，东盟各国领导在老挝万象表决通过了《东盟互联互通总体规划 2025》（以下简称《规划》）。《规划》是基于《东盟互联互通总体规划 2010》的升级版，旨在为未来深度开展互联互通合作提供指导，是《东盟共同体 2025 蓝图》的重要组成部分，与推动东盟在区域经济中合作的主导地位紧密相关，同时在全球事务中提升话语权具有重要意义。《规划》旨在推动形成一个全面融合、无缝对接的大东盟，以增强东盟在区域和国际经济合作中的综合竞争力，并提高东盟域内的包容性及共同体意识。特别是对物理联通（如交通、通信及能源等）、制度联通（如投资、贸易及服务的自由便利化）和民心相通（如旅游、文化及教育等）三个维度互联互通予以强调，并针对 5 大重点领域以及 14 个重点倡议。这一重要举措有助于进一步提高东盟共同体政治、经济与社会文化等各领域的安全稳定，进而为持续缩减成员内部发展差距提供制度保障。互联互通也是中国与东盟各国开展合作的优先领域和重要方向，中国对此予以高度重视，同时与东盟共同设立了"中国—东盟互联互通合作委员会"，旨在深入落实中国与东盟各成员方提出的"互联互通"方面的倡议及共识，研究确定了双方未来开展合作的优先项目及重点领域。

3. 外资流入示范和带动效应日益显著

从吸收 FDI 规模来看，据贸发会议（UNCTAD）发布的 2019 年《世界投资报告》数据显示，2018 年东盟吸收 FDI 流量规模达 1486.47 亿美元；截至 2018 年底，东盟吸收 FDI 存量规模达 23810.67 亿美元。此外，据东盟秘书处 2019 年 11 月发布的数据显示，2018 年东盟吸收 FDI 规模为 1547.13 亿美元，较之 2017 年增加了 5.3%；其中，东盟成员方内部投资规模为 245.44 亿美元，占当年东盟吸收 FDI 总量的 15.9%，占比为 17.35%。从国别分布来看，外资流入东盟在国别分布层面极不均衡，接近 50% 的外资流向新加坡（岳圣淞，2021）。据东盟统计数据，2018 年新加坡吸收 FDI 规模占东盟比重较上年的 45.3% 提升至 50.2%，其次是印度尼西亚（14.2%）、越南（10%）、泰国（8.6%）、菲律宾（6.3%）、马来西亚（5.2%）、缅甸（2.3%）、柬埔寨（2.0%）、老挝（0.9%）和文莱（0.3%）；从外资来源看，2018 年前 5 大主要外资来源地在东盟成员国投资 574.68 亿美元。欧盟（213.6 美元）、日本（211.93 亿美元）、中国（101.87 亿美元）、中国香港（101.61 亿美元）、美国（81.12 美元），约占东盟 FDI 总规模的 46%。从行业分布来看，东盟秘书处统计数据显示，2018 年外商投资东盟主要聚焦于制造业（551.6 亿美元）、金融和保险服务业（424 亿美元）、批发零售业（202 亿美元）和房地产业（130.6 亿美元）等领域，以上领域外商投资占全部 FDI 总规模的 84.5%。2018 年欧盟投资者主要集中在金融和保险业、制造业和交通运输和存储等领域；日本与韩国主要聚焦于制造业、金融和保险服务业、批发和零售业，以及汽车和摩托车修理等领域。而中国主要聚焦于批发和零售业、房地产业、制造业和金融业等重点领域。

此外，从中国与东盟双向投资规模来看。中国商务部统计数据显示，2018 年中国对东盟 FDI 流量达到 136.94 亿美元，截至 2018 年底，中国在东盟 OF-DI 总规模达到 1028.58 亿美元，而东盟对中国 OFDI 规模达 1167.3 亿美元，双方双向投资高达 2159 亿美元。从投资国别来看，2018 年，中国对东盟 OFDI

占中国 OFDI 总规模的 9.58%。中国 OFDI 流量排名前 20 位的国家和地区中，东盟占据 6 个国家，分别为新加坡、马来西亚、印度尼西亚、老挝、越南和柬埔寨，同时除了柬埔寨外，对其他国家的 OFDI 均超 10 亿美元（曹云华、李均锁，2020）。同年，东盟对中国新增 OFDI 达到 57.2 亿美元，同比增长了 12.5%。需要说明的是，新加坡长期以来一致稳居东盟对中国 OFDI 第一大国地位，2018 年对我国投资 52.1 亿美元。

8.2.3 典型国家外资政策透视

8.2.3.1 新加坡外资利用政策

新加坡一直是东南亚最大的外资接受国之一。由于其独特的地理位置、稳定的社会政治环境、积极的外商投资政策等基础和条件，与其他国家（地区）全面深入的投资合作协议，同时积极有效应对新冠肺炎疫情等因素，使得新加坡吸引了诸多外国投资者进入本国市场。

从国内社会环境看，新加坡区位优势明显、政治社会稳定、营商环境优越，政府注重吸引外国投资。在社会环境方面，新加坡毗邻马六甲海峡，港口资源丰富、航运便利，一直是东南亚地区重要的贸易、金融中心。稳定的政治环境使得政府高效廉洁、政策透明公开，企业运营成本较低，运营风险可预见、可控制。从吸引外资方面看，新加坡企业发展局于 1961 年成立，在投资促进领域有丰富经验，并致力于不断改善营商环境，为外资企业提供初创企业特殊情况基金、先锋企业优惠等优惠政策支持，特别注重对于科技型企业的扶持。此外，新加坡对外国投资者的限制相对较少，除金融、证券及保险等领域需提前报备，其他产业领域对外商投资如持股比例等均无强制性规定。从对外合作角度看，新加坡与其他国家和地区建立了广泛贸易关系，当前已经签署 76 项旨在避免双重征税的有关协定，正式签署了 41 项与投资保护紧密相关的协定。新加坡与中国、欧盟、美国等 15 个国家均签署了双边自由贸易协定。与此同时，作为东盟重要成员国，新加坡加入了以东盟为核心的 7 个区域性自由贸易协定，并先后参与海外合作委员会、跨太平洋伙伴关系协定项下的区域性自由贸易协定，使得在新加坡注册成立的企业能够享受更多的贸易利好和出口优惠。在数字经济领域，新加坡已完成与澳大利亚、英国、韩国等国家的协议谈判，为人工智能、数据创新等领域发展提供了便利，促进中小企业数字化以及与海外合作伙伴的连接。新加坡与中国的经贸联系也特别紧密，2021 年新加坡与中国达成了 14 项合作协定，涵盖了城市治理、低碳发展、挂牌基金市场联通等多个领域。

值得一提的是，作为东盟首个完成《区域全面经济伙伴关系协定》（RCEP）官方核准程序的重要成员国，签署落地的 RCEP 有望进一步刺激新加坡的外商直接投资，确保新加坡对外资的吸引优势。一方面，RCEP 中的非关税措施促进企业交易成本下降，并要求各方进一步放宽外国投资者准入限制，实现至少 65% 的服务业开放，这有利于吸引投资、增加就业。另一方面，RCEP 促进参与国之间的跨境执法合作，保护电子商务贸易和个人数据安全，有利于提高新加坡国内中小企业的竞争优势。再者，RCEP 有利于维护新加坡国际金融中心的地位，促进区域在电子、生物医药、金融等领域的广泛合作和创新发展，降低各国在相关领域的贸易壁垒，有利于提升供应链互联水平，加强区域内互联互通。

1. FDI 吸引政策与法规

新加坡经济发展局（EDB）负责与投资相关的管理，该机构属于新加坡贸工部，为专门负责吸引 FDI 的唯一法定机构，具有制定与实施相关 FDI 吸引政策方面的权限，同时为外资提供行政与决策咨询等服务。旨在未来将新加坡打造形成全球最具吸引力的投资目的地和竞争力的商业枢纽，主要从以下四个方面作出努力。

一是营商环境。新加坡优越的投资环境主要表现在：（1）政治社会比较稳定。人民行动党长期执政有效且充分保障各类投资政策的连续性，同时政府大力提升种族包容、和谐相处，并在着力打造多元文化、多种族文化等方面持续发力，营造和谐氛围，大规模骚乱以及社会动荡等问题得以有效控制。（2）是区位优势特别显著。目前，新加坡是亚太地区金融、贸易、投资及航运的重要中心，在区域事务合作中发挥关键作用。世界各国企业性相继赴新加坡投资建厂或设立区域总部，新加坡日益成为其他国家进入东南亚市场的跳板。（3）营商环境极为优越。为推动世界各国投资新加坡，政府陆续出台诸多有利于促进工商企业发展的优惠政策，在全球营商环境排名中已经连续多年保持前列位置。政府颁布的相关法律法规与政策措施透明度较高，政府工作高效廉洁，司法部门公正严明，大幅度降低了外商投资者的经营与交易成本，发生难以预料的风险的情况较小。此外，新加坡对外国投资者实施无差别的国民待遇，外商投资者在此投资建厂，注册手续快捷便利，通常没有投资方式及其比例等方面的限制，外汇也可以自由流动，政府对内资与外资的监管一视同仁（杨继瑞、周莉，2019）。

二是行业规定。新加坡投资环境比较开放，对外国投资者予以鼓励与支持。对于期望在新加坡投资办厂等开展各类商业活动的外国企业及个人可以选择任意的经营载体，包含有限责任公司等形式。无论企业及个人，只要为新加坡主体都能够享受外国投资者相关的利益，同时对成立的新公司没有最低投资金额等方面的约束，本地企业及外资企业都适用于相同的法律法规和制度政策。此外，从对外资监管的视角看，总体而言在新加坡从事商业活动是比较自由的，对在新投资的外国企业没有一般性的要求及其义务，但部分行业存在一定约束，主要涉及金融、保险、银行、电信、报纸、广播、印刷、游戏以及房地产等领域，外商投资以上行业需要得到政府相关部门的批准。这些行业中，一些特定的法律对外国投资者的股权、特殊许可等具有一定的限制和规定。

三是优惠政策。主要覆盖四个方面：（1）产业优惠政策。新加坡政府为鼓励及大力引导外国投资者积极向制造业及高端服务业等领域投资，大幅度提高企业生产效率，相继提出了先锋计划、业务拓展奖励计划、投资加计扣除计划、特许权使用费奖励计划、金融与资金管理中心税收优惠、批准的外国贷款计划以及研发费用分摊的资产减值税计划等一系列税收优惠政策，同时还增设了新技能资助计划以及企业研究奖励计划等财政补贴政策。（2）全球贸易商计划。为进一步提高新加坡的进出口贸易规模，创造出更高附加值的专业、行政及管理工作职位，2001年新加坡国际企业发展局创新实施了"全球贸易商计划"。该商业计划对满足贸易相关要求的企业给予5%或者10%的优惠税率，期限为3～5年。此外，如果被奖励企业履行了在创造以及维持就业岗位或经济活动中存在实质性承诺的，则相关奖励政策可以持续（崔晓静，2017）。这一计划对任何以新加坡为基地开展国际贸易的企业都适用。（3）中小企业政策优惠。新加坡标新局为大力扶持中小企业发展创新，改进并提升企业生产效率，同时出台了天使基金、天使投资者减免税收计划、企业家创业行动计划、技术企业商业化计划、管理人才奖学金、企业标准化计划以及高级管理计划等政策措施。此外，还推出了知识产权管理计划、技术创新计划、企业标准化计划以及本地企业融资计划等优惠政策。（4）创新优惠支持计划。2010 年新加坡经济战略委员会创新提出未来 10 年 7 大经济发展战略，聚焦于劳动生产率提升、企业动态能力提升以及打造全球都市三大战略目标，新加坡政府提出了如生产能力与创新优惠计划、特别红利计划以及培训资助计划等一系列优惠政策，同时创设了国家生产力基金，进一步加强了就业入息补贴计划，并采取大幅度减免税等政策鼓励企业进行"并购重组"与土地集约化经营，通过增设项目融资机构鼓励和引导企业国际化。

四是知识产权保护。新加坡政府高度重视知识产权保护方面的保护，政府长期以来致力于推动建设区域性"知识产权中枢"，同时出台了一系列关于加强知识产权保护的法律法规。此外，还采取资金支持等综合措施对创新、智力成果转化落地等给予政策方面的便利。知识产权办公室（IPOS）是专设管理机构，依据新加坡第 140 号法案——《知识产权办公室法》而成立，目的在于加强对知识产权方面的保护，进一步提高公民在知识产权保护及其利用方面的意识。同时就知识产权方面的有关管理，向政府献言建策，以及推动与协助知识产权代理与顾问的发展创新。目前，新加坡已成为诸多与知识产权相关的公约及国际组织的成员方，主要涉及《巴黎公约》《马德里协议》《伯尔尼公约》《布达佩斯条约》《专利合作条约》《与贸易有关的知识产权协议》以及世界知识产权组织等。受新加坡政府保护的知识产权领域主要包括商标、外观设计、专利、版权（著作权）、地理标识、集成电路设计、机密信息、商业秘密以及植物品种等多个方面，并针对以上保护领域分别制定了相关的法律法规等保护措施（刘强、王玉涵，2019）。

2. 针对中国企业投资保护的政策

一是高层交流日益密切。1990 年中新建交之前，双企业就在经贸领域开展了广泛合作。近年来，在中国与新加坡领导人的高度重视及其亲自带领下，双方关系日益紧密并呈全面发展的良好态势。经过 30 多年交流合作，已形成领域宽、层级高、机制多、融合深、区域广以及潜力大等突出特点，强有力带动了中新双向投资水平不断拓展与提升。目前，新加坡已经成为中国第三大资本输出目的国和第一大外资来源国，在高质量推进"一带一路"建设征程中发挥了重要支点作用。2018 年中国对新加坡 OFDI 占"一带一路"沿线总规模的 22.7%，而新加坡对中国 OFDI 占沿线国家和地区的八成以上。与此同时，双方企业携手合作在开拓"一带一路"市场中取得显著成效，主要聚焦于园区建设、基础设施以及矿业开发等重点领域。二是投资行业日渐多元。新加坡较为优越的制度政策和营商环境，吸引了一大批中国企业到此投资。根据新加坡相关统计数据，目前在新加坡正式登记注册的中国企业超 7500 家，投资范围涉及金融、贸易、物流、航运、房地产以及基础设施等多个领域。截至 2018 年底，中国对新加坡 OFDI 达 482 亿美元，仅次于美国，成为中国 OFDI 第二大投资目的国。基于此，新加坡针对来自中国的投资专门制定了相关政策保护与促进措施。三是双边投资协定。按照协定签署的时间逻辑，主要涉及《关于促进和保护投资协定》（1985）和《避免双重征税和防止漏税协定》（1986）（邓力平等，2019）。此外，双方还签署了众多合作协议或谅解备忘录，如《科技合作协定》（1986）、《经济合作和促进贸易与投资的谅解备忘录》（1999）、《关于中新两国中、高级官员交流培训项目的框架协议》（2001）、《文化合作协定》（2006）、《出入境卫生检疫合作谅解备忘录》和《关于在城镇环境治理和水资源综合利用领域开展交流与合作的谅解备忘录》（2007）、《自由贸易协定》和《关于双边劳务合作的谅解备忘录》（2008）、《关于农产品质量安全和粮食安全合作的谅解备忘录》（2013）、《关于共同推进"一带一路"建设的谅解备忘录》（2017）、《中新自由贸易协定升级议定书》（2018）。此外，在 2019 年第二届"一带一路"国际高峰论坛上，中国与新加坡就其在上海成立上海全面合作理事会、进一步强化第三方合作实施框架、海关执法合作、实施原产地电子数据交换系统以及建设联合投资平台等 5 个方面正式签署了合作谅解备忘录。未来，中国企业在"走出去""走进去"新加坡的投资进程中，需要进一步妥善处理好"政府和议会"的关系、与工会以及当地居民的关系，尊重当地社会风俗与习惯，严格依法保护其生态环境，承担应尽的社会责任，以及善于与媒体打交道等多个方面入手（曾燕萍，2020），密切与当地联系，讲好中国故事，树立良好形象，实现中国企业对新加坡投资合作健康、稳定与可持续发展。

3. 投资新加坡需要重点关注的问题

一是市场准入限制。新加坡一般不限制外国投资范围，也没有针对外国投资的单独立法或负面清单，绝大多数产业领域对外资的股权比例没有限制性规定。新加坡经济发展局等政府部门对于外资持开放态度，主要为其提供激励政策。但是外商投资在某些行业和战略性产业上仍可能受到部门法的限制（见表 8 - 3）。

表 8 - 3　　　　　　　　　　　　新加坡部分 FDI 受限行业

限制领域	法律依据	限制性规定
法律服务	《法律职业规定》	·获得合格外国律师事务所（QFLP）执照的才能够在新加坡执业； ·外国律师事务所在家庭法、刑法、争议解决等领域的执业收到限制
广播	《广播法令》	·未经 IMDA 授予广播执照，任何人不得在或向新加坡提供任何受许可的广播服务； ·如果公司中任何外方持有或控制不少于公司或其控股公司 49%的股权或表决权；或对公司或其控股公司进项督导、控制或管理的所有或多数人由任何外方任命或习惯于按照任何外方的指示行事，则不授予该等执照
印刷媒体	《报业和印刷法令》	·在每个报业公司中，所有董事均为新加坡人； ·股份分为管理股和普通股。管理股权仅可由媒体局授予书面批准的新加坡公民或公司发行或转让，外资持有上市印刷媒体公司管理股的上限为 3%

资料来源：根据走出去服务港相关资料整理。

对于网络媒体行业，新加坡近年增加了监管力度，所有外国投资者与本地企业一样均需遵守资讯通信媒体发展局（IMDA）的监督。具体而言，如果某网站在两个月内平均每周发布一篇与新加坡问题相关的文章，并且在两个月内平均每月从新加坡互联网提供商的唯一地址获得至少 5 万次访问，则必须提交 5 万新元的保证金，同时在收到 IMDA 通知后 24 小时内删除 IMDA 认为应当禁止的内容。此外，在电信、能源、金融服务等部分领域，尽管新加坡对外商投资没有作出限制性规定，但这些领域的市场主要由新加坡公司主导，且市场集中度比较高，其中绝大多数市场份额被新加坡企业占据，致使外国公司实际上难以进入相关领域。

二是国家安全审查。近年来，全球多个国家和地区都加大了基于"国家安全"的外商直接投资审查力度，并对某些涉及国家安全的特定领域进行事先审查，但目前，新加坡一直尚未出台专门的国家安全审查制度。仅针对媒体等特殊领域规定了国家相关部门的审查。新加坡于 2021 年通过《防止外来干预（对应措施）法案》（FICA），旨在加强对社交媒体和互联网上对新加坡国内内政存在敌意的内容的管理，及时清除相关内容，并对发布者进行处罚，但是目前尚未在商事交易领域采取类似措施。

三是土地使用权方面的限制。新加坡的土地都归属国家所有，但同意通过拍卖、招标、临时出租及有价划拨等方式开展土地交易，赋予使用者一定年限的土地使用权。土地产权分为永久业权、租赁地产和永久产权三种类型。永久业权根据所持有土地的期限不同划分为两种：一种是指土地所有者可以无期限地拥有土地，并在其死后，将土地传给他的任何继任者；另一种是土地所有者对于土地的所有权在其死亡时截止。租赁物业具有明确期限，与政府业主签订的土地租赁合同通常租约为 30 年或 60 年，租约到期后，土地将归还给政府业主。永久产权是指个人无限期地拥有土地权益。外国企业经新加坡土地管理局（SLA）批准同意后，有权限参加新加坡相关的土地交易。但外企若旨在获取农业耕地的所有权或者承包经营权，则需取得新加坡土地管理局的有关批准，在处置、租赁或抵押该土地前也需要取得新加坡土地管理局的批准。新加坡的土地可划为住宅、商业或工业用途，外国投资者可以相对自由地获得商业或工业用途土地的所有权，包括办公室、零售店和商店等，但是需要支付高于新加坡公民或永久居民的印花税。就住宅而言，根据新加坡《住宅财产法》（RPA），如果外国投资者（包括外国自然人或外国自然人在新加坡成立的公司）意图转让、购买或收购平房、住宅用地、独立式住宅等住宅，须得到新加坡土地管理局的批准与同意。在获得批准购买住宅后，外国投资者也可能面临住宅使用用途，和出售、转让等处置手段方面的限制。

需要注意的是，根据新加坡《土地征用法》，政府有时会出于基础设施开发和公共项目建设等目的征用私人土地，被征用土地的土地所有者可以获得市场价值赔偿。因此，外国投资者在购买新加坡土地时，需要注意可能的征收风险。

四是外汇使用和反洗钱。新加坡于 1978 年起不再实施外汇管制，对新加坡投资、汇付股息等行为均无须获得外汇管制部门批准，相对自由。但是，为保护新币安全，新加坡政府对"非居民"持有新加坡元的规模存在一定限制。例如，如果银行对"非居民"提供 500 万新元以上的，同时用于新加坡境内的股票、债券以及商业等投资，必须向新加坡金融管理局（MAS）提出申请并获得批准；"非居民"在新加坡境内获得的超过 500 万新元的贷款或发行的超过 500 万新元的股票和债券，如果融资所得资金需要汇出境外，则必须转换成等值外币或外币掉期。此外，新加坡作为国际重要的离岸投资中心，金管局对于反洗钱和预防恐怖主义的监管非常严格，监管对象主要是商业银行、资本市场中介、财务顾问等金融机构，同时，地产代理和销售人员、赌场经营者、法律和会计专业从业人员等指定行业也参照适用于金融机构的反洗钱规定进行管理。受监管的机构的主要义务包括定期进行风险评估、对客户进行尽职调查、保持交易记录、及时报告可疑交易以及采取其他内控措施和程序。任何不遵守金管局发布的反洗钱指示或规定的金融机构或指定行业将被处以最高可达 100 万新币的罚款，如果违法行为未得到及时改正，在违法行为终止前，还可能被处以每天 10 万新币的罚款。

对新加坡直接投资的路径选择，可以从独资（或合资）与股权收购（或资产收购）两个关键维度予以考量。

一是独资抑或合资。加入外国企业仅希望在新加坡境内从事有限活动，可选择建立代表处或者分公司，但如果希望长期开展业务，则需考虑是否设立公司或合伙企业等活动范围更广泛的当地实体。根据新加坡法律，合伙企业与有限公司的登记注册程序基本相同，但在征税和法律责任承担方面有一些区别。合伙企业中的合伙人以其在合伙企业收入中所占份额需依据个人所得税的相关税率予以纳税，如果合伙人是公司，则按照公司税率征税，且普通合伙人可能因合伙企业的纠纷而被单独提起诉讼；有限公司则统一以公司名义报税，纳税总金额是公司及其所有独资子公司的总营业额，且仅以公司名义应诉。由于有限公司在税收和责任承担上的便捷性，目前豁免私人公司和私人有限公司是外国投资者选择的主要形式。

在确定法律形式的基础上，投资者需进一步考虑是否采取合资的方式开展业务，由于新加坡对外商投资的限制较少，投资者主要可以从土地使用需求和投资行业的角度考虑是否需要采取合资的方式：（1）是否有土地需求。虽然外国投资者可以参与大部分商业地产和工业地产的交易，但是在住宅领域的投资行为仍受到限制，因此如通过投资者有意向购买新加坡住宅土地，则应当选择合资的方式开展投资。（2）是否存在行业进入障碍。新加坡对于外商投资的限制性规定较少，但是在广播、印刷媒体等行业仍存在股权限制，电信、能源等领域的行业进入门槛也较高，因此，如投资者意图在这些领域开展投资，采取合资的方式往往更利于项目开展。

　　需要注意的是，根据新加坡《公司法》规定，如果某公司的董事在该公司拥有20%或以上的权益或股权，则该公司不得向另一家关联公司提供贷款或为另一家关联公司获得的贷款提供担保和/或担保。因此，如果外国投资者最终选择设立合资公司，则需考虑高管人选的任免，以免未来面临融资贷款方面的阻碍。同时，设立合资公司涉及多个经营者的也需按照新加坡《竞争法》就可能对市场商品或服务竞争产生影响的行为履行相应的自愿申报流程。

　　二是股权收购抑或资产收购。根据新加坡法律，外国企业有意收购或并购新加坡境内的"非上市公司"可以通过股权收购与资产收购两类模式。对相关收购操作流程，并没有严格的程序要求，由企业自行选聘财务、会计、律师等专业人员并就交易内容进行商谈，但应在交易完成后14天内通知ACRA相关信息变化情况。实践中，外国投资者可以综合考量商业目的、目标企业的法律和负债情况、经济效益和或有负债等情况，选择合适的收购方式。

　　在股权收购方面。股权收购仅涉及目标公司的股份所有权的转移，相对较为便利，与资产收购相比，在以下方面具有优势：一是流程简单。除涉及经营者集中和上市公司等特殊情况外，股权收购通常无须向政府部门事先申请批准或就个别资产进行单独转让，所涉及的尽职调查时间也相对较短。二是税收较低。股权收购的仅需按照购买价格或股权净值（以两者中较高者为准）缴纳印花税，税率通常低于资产收购时需适用的商品和服务税率。三是保证业务连续性。股权收购能够最大限度地保留目标公司持有的牌照，并继续履行已经缔结的合同，不会对公司现有业务造成重大干扰。需要注意的是，针对新加坡金融机构超过5%、12%或20%的特定门槛的任何其他有表决权股份的收购，需要获得金管局主管部长的批准。并且，股权收购将概括性地继受目标公司原有的全部债权债务，且无法对目标公司的资产进行有选择的收购。

　　在资产收购方面。在某些情况下，投资者可能倾向于对目标公司的特定资产进行收购，资产收购主要具有以下优势：一是内部审批程序简单。资产收购通常无须像股权收购一样受到优先购买权限制，或需事先取得公司多数股东的同意。二是选择性收购。由于潜在的负债问题和为税务折旧目的重新确定资产价值，投资者可能更倾向于采用资产收购的方式以规避潜在的历史负债。三是担保的便利性。根据新加坡法律规定，被收购的私人公司资产上存在担保的，该资产仍可被授予放款人。值得注意的是，在新加坡，采取资产收购方式并不能避免劳动纠纷。尽管新加坡法律没有规定收购资产时负债的自动转移，但是根据新加坡《雇佣法》，在资产或出售业务中，受让人的某些雇员可能会自动转让给转让方，包括相关劳动合同中的权利和义务将一并转让。因此，投资者如果选择资产收购，仍需要考虑相关雇员的安置事项，并应事先考虑由于资产或业务转让可能导致的劳动纠纷。

此外，资产收购所需缴纳的税项根据资产类型的不同也有不同要求。对于买方而言，在转让非住宅不动产时，需按照交易标的总额递进式缴纳 1% ~ 3% 不等的印花税税率，其他资产则可能需要缴纳 7% 的商品和服务税。对于卖方而言，处置资产所得的收益需缴纳所得税，如果出售的是持有 4 年以上的住宅地产或工业用地，卖方可能也需要缴纳印花税。

8.2.3.2　印度尼西亚外资利用政策

自 1990 年中国与印度尼西亚恢复外交关系以来，双方经贸合作呈日益紧密与全面发展的良好态势。特别是近年来，中国与印度尼西亚在投资、贸易等众多领域的合作发展迅速。印度尼西亚是"21 世纪海上丝绸之路"首倡之地，2013 年 10 月，习近平主席在印度尼西亚第一次提出推动多边共建"21 世纪海上丝绸之路"，由此，中国与印度尼西亚双边关系快速提升至全面战略伙伴关系，目前双方在投资等领域的互利合作已成为最大的亮点。

中国对印度尼西亚投资的领域主要涉及农业、制造业、矿产开采与冶炼、电力、房地产、产业园区、金融保险以及数字经济等众多领域，分布于印度尼西亚各大岛屿，特别是在产能合作方面已取得卓越成效，如宏桥集团在印度尼西亚投资建设第一家的冶炼级氧化铝厂，为目前东南亚最大规模的冶炼级氧化铝厂；青山集团在印度尼西亚建成了全球"产业链"最长的不锈钢生产基地；小米、OPPO、VIVO 等企业已跻身印度尼西亚智能手机生产的主要品牌。此外，阿里巴巴、腾讯以及京东等企业对升级印度尼西亚生活消费体验具有重要促进作用，并为其培育和培养了一批优秀的新型创业家。目前，中国已经多年持续稳居印度尼西亚第一大贸易伙伴位置。事实上，2016 年以来，在中国持续扩大出口带动下，中国已成为印度尼西亚最大的出口目的国，而印度尼西亚已成为对中国燕窝及棕榈油出口第一大国。整体来看，印度尼西亚吸引外资的核心优势主要聚焦于以下方面。

1. 投资环境优越

当前，印度尼西亚经济发展势头良好，消费及投资等日益成为推动印度尼西亚经济稳定发展的关键动力，各项经济指标都保持良好发展走势，其经济结构也较合理。印度尼西亚持续向好的经济发展前景和特有的比较优势将继续吸引外资涌入。根据印度尼西亚投资协调委员会（BKPM）统计数据，2020 年印度尼西亚落地投资规模为 573.8 亿美元，其中外商直接投资（FDI）达到 286.7 亿美元，占总规模的约 50%。印度尼西亚吸引外资保持高速增长态势，作为东南亚最大的发展中国家，逐渐成为东盟十国最具有外资新引力的国家之一。具体表现如下。

一是营商便利度较高。世界经济论坛《2020 年全球竞争力报告》数据显示，印度尼西亚在全球竞争力国家和区域排名中，位居第 40 位。世界银行《2020 年营商环境报告》数据显示，印度尼西亚营商环境排名在全球 190 个国家中，便利化水平排名第 73 位。此外，中国对外承包工程商会发布的 2021 年《"一带一路"国家基础设施发展指数》数据显示，印度尼西亚已经持续多年位居榜首，特别是在发展潜力、发展环境以及发展趋势指数等指标上均位居前列。

二是强劲国内需求拉动。印度尼西亚地域广阔、人口众多，其中中产阶级规模不断壮大，消费能力、需求以及潜力与日俱增。为此，日本、韩国等企业长期以来致力于家电、汽车以及化工等制造领域的投资，近年来更是加大投资力度，以充分利用其廉价的劳动力资源、着力拓展东盟市场规模等，开发适配及升级消费产品满足印度尼西亚市场巨大需求。同时，印度尼西亚政府大刀阔斧加大基础设施建设与升级改造，推出了一系列中长期发展规划，进一步提升交通以及通信等基础设施能力，为持续提升外资吸引力不断强化基础设施建设。此外，矿业也是外国投资者热衷于投资印度尼西亚的热点领域。印度尼西亚矿产资源十分丰富，目前已成为全球煤炭、铁、锡、镍以及金等矿产品重要的供应市场之一，一大批外国企业积极投资矿产上游行业以稳定国内原料供应。2012 年 5 月，政府除对 65 种矿产品的出口加征 20% 的出口税之外，还出台了优惠措施激励外企在印度尼西亚开办冶炼加工厂等，带动了外企投资矿产下游行业，矿产及其冶炼目前已成为印度尼西亚第一大外企投资行业。

三是持续改进投资环境。为进一步加大外商投资促进力度，印度尼西亚政府继续采取推动税收优惠、强化宣传以及完善投资服务等一系列举措。同时专门设立投资协调委员会旨在简化手续以及提升服务等方面为外资提供便利化条件，并对《投资负面清单》相关内容予以简化推动更多领域向外资开放。此外，印度尼西亚财政部和工业部等部门出台了更优惠税收政策，免征外资企业自用设备的进口关税、出口产品原材料实施退税、特定行业及大规模投资所得给予税收减免等，对外国投资者产生强烈吸引力。2021 年 4 月，印度尼西亚政府将投资协调委员会（BKPM）升格为投资部。2021 年 6 月起投资部实施在线单次提交许可申请系统（OSS）。此外，政局总体稳定、自然资源丰富、地理位置重要、劳动力丰富以及市场化程度高等因素对外资也具有较高的吸引力。

2. 不断完善外国投资政策法规

印度尼西亚政府高度重视外国投资，不断完善外资政策和法规。以 2020 ~ 2021 年外资政策调整为例，重点作了以下修订和调整。

一是优化政策法规。印度尼西亚通过逐步取消或放宽更多投资领域、完善投资促进服务、推动减税降费等方式，不断完善国内投资环境，促进并吸引外商投资。印度尼西亚颁布《投资法》规范外商投资活动，对在印度尼西亚进行投资的法律形式、投资待遇、经营领域、投资者权利、义务和责任以及投资鼓励政策等方面作出了规定。为应对疫情，2020 年 11 月政府出台《综合性创造就业法》（综合法），对《投资法》进行补充和修订。根据《综合法》要求，印度尼西亚于 2021 年 3 月推出《投资法》配套的《关于投资清单的 2021 年第 10 号总统条例》（新投资清单），列明 "优先发展的行业"，取代原有的投资负面清单，在重点投资领域取消或放宽股权比例等对外商投资限制，如取代原有的投资 "负面清单"，在基础设施（机场、港口）、可再生能源（小型水电、风电、太阳能、地热、生物质发电）、建筑服务、通信媒体信息技术、分销仓储、医疗医药等重点领域，取消或放宽股权比例等对外资的限制。如电动汽车作为 "优先清单" 鼓励的投资行业，投资者可享受 100% 独资设立企业、公司所得税 100% 减免（若投资额达到 3500 万美元以上）或公司所得税 50% 减免（若投资额达到 700 万 ~ 3500 万美元）等一系列优惠政策。《综合法》和《新投资清单》的相继出台，彰显了印度尼西亚政府进一步扩大对外开放的决心和信心，同时也表明印度尼西亚外商投资法制度日趋完善且复杂。

　　二是强化对外经贸合作。目前，印度尼西亚已缔结73个双边投资条约、22个带有投资条款的多边协定。其中，多边协定包括《东盟—澳大利亚—新西兰自由贸易协定》《东盟—韩国自由贸易协定》《东盟—中国自由贸易协定》《东盟—印度自由贸易协定》《澳大利亚—印尼全面经济伙伴关系协定》《区域全面经济伙伴关系协定》等。当前，印度尼西亚正在谈判的自由贸易区协定有《印尼—欧盟全面经济伙伴关系协定》《印尼—土耳其全面经济伙伴关系协定》等。

　　三是加大资金支持。印度尼西亚2020～2024年基础设施建设规划的资金需求达4500亿美元，42%的资金缺口（约1900亿美元）将通过与国内外私营资本合作进行融资。政府为此专门设立了主权财富基金及其投资管理机构，负责吸引全球资本共同投资收费公路、机场、港口、数字基建等国家战略项目。

　　四是提高行政效能。2021年4月，将投资协调委员会（BKPM）升格为投资部并增设投资部长。《综合性创造就业法》赋权投资部更强监管职能。一方面，通过自2021年6月起实施的在线单次提交许可申请系统（OSS），将地方政府的选址、环保、建设等许可审批职能收归中央政府，并借助数字政务简化审批流程、压缩寻租空间；另一方面，对政府阻碍项目落地的官僚做法，负责协调中央层面行业主管部门、垂直督办地方政府加快许可审批。

　　与此同时，投资印度尼西亚以下问题需要予以特别关注。

　　一是外国投资项目需取得许可。在印度尼西亚，负责外商投资监管的主要政府部门是投资部（BKPM）、财政部、能矿部。2021年4月，投资协调委员会（BKPM）升格为投资部。

　　根据印度尼西亚2013年第5号资本投资协调委员会主席条例（第5/2013号BKPM条例）及2017年第13号资本投资协调委员会主席条例（第13/2017号BKPM条例），印度尼西亚取消资本投资登记证和原则性投资许可证的要求，简化许可流程。根据《综合法》及配套的《关于实施基于风险的许可制度2021年第5号政府条例（GR5/2021）》，印度尼西亚引入了基于业务活动带来的对健康、安全、环境或资源利用率等方面的风险和潜在风险确定的许可证制度。风险许可证制度，仅限于高风险业务活动需获得营业执照。投资部自2021年6月起实施在线单次提交许可申请系统（OSS），借助数字政务简化审批流程，加快许可审批。外国投资者在印度尼西亚设立公司需要通过OSS系统进行注册，以获得业务识别号（NIB）及营业执照（如需要）。

二是行业准入限制。印度尼西亚外商投资活动受到《投资法》《综合法》以及 2021 年 3 月发布的《新投资清单》的约束。《新投资清单》列明了积极投资清单，开放了运输、能源和电信等 245 个"优先发展行业"，取代原有的负面投资清单和原 2016 年《投资清单》设置的禁止或有条件开放投资的规定。除中央政府保留经营权的与《投资法》第 12 条规定的 6 大领域之外，《新投资清单》对所有行业均开放投资，为投资者提供公平的商业环境。尽管如此，《新投资清单》中仍有部分行业是禁止外商投资，仅对印度尼西亚国内投资者开放。

三是外商投资审查制度。一般情况下，符合印度尼西亚《投资法》和《新投资清单》有关规定的外商投资活动，印度尼西亚不对其采取额外的外商投资审查。以收购为例，外国投资者依据印度尼西亚《公司法》要求，准备收购计划、进行收购公告，在公证处的见证下起草收购文件并经印度尼西亚法律人权部批准后，方可进行收购。但需满足如下前提：投资者必须确保投资领域不违反《新投资清单》关于外资持股比例的限制（如果存在），否则印度尼西亚投资部有权拒绝该收购交易，不予通过公司注册申请，直至投资者调整收购计划至符合规定。

四是土地使用权方面的限制。印度尼西亚土地归属国家所有，外国企业及外国人在印度尼西亚均不能拥有土地所有权，但可以行使如下三类受限制的权利：（1）建筑权。允许外国企业及个人在土地上建筑同时可以拥有此建筑物 30 年，满足一定条件可再延期 20 年。（2）使用权。对于特定目的使用土地 25 年，可再延期 25 年。（3）开发权。对用于渔业、农业以及畜牧业等多种目的开发使用的土地，其使用期为 35 年，还可以再延期 25 年。外商如欲购地或租地，可直接向印度尼西亚投资部申请批准即可。此外，印度尼西亚政府颁布了第 2/2012 号土地征用法案，该法案主要涉及道路、铁路、机场、港口、水坝以及隧道等重点项目，随后经《综合法》进行补充修订。该法建立了市场公允价值补偿和上诉机制，印度尼西亚政府规定对土地用于基础设施建设的项目，通过给予"被征地人"合理的补偿，以此获得与基础设施相关的建设用地。根据这一法案，国家相关机构所需要的土地可以在与权利人磋商后征用，权利人有权利直接向最高法院提出上诉，则法院有义务对产生的法律纠纷在

74 个工作日给予解决。独立评审小组基于对土地情况作出的综合评估，土地所有人据此获取的补偿为基于土地价格及为此放弃土地带来的损失，对此结果持有异议的可进行上诉。《综合法》旨在通过基于风险的方式简化许可证办理程序，减少中央和地方政府职权带来的不确定性。

五是外汇方面注意事项。印度尼西亚实施的是相对自由的外汇管理制度，印度尼西亚盾可以自由兑换，在资本、利润和股息的汇出方面没有外汇管制限制。根据《投资法》的规定，投资者能够以外汇的形式汇出资本、利润、银行利息、股息等收入。尽管如此，投资者从印度尼西亚境内向境外转移资金时负有报告义务，违反报告义务可能受到警告、罚款等行政处罚。

8.3　对策建议

根据研究结论，结合投资实践，参考先行经验，主要从把握对外投资环境、引导投资区域流向、优化投资产业布局、加大新兴产业投资、创新对外投资方式、健全投资促进体系以及加强与第三方合作等几个方面，提出具体可操作性的政策及建议。

8.3.1　密切关注投资环境变化

中国企业"走进"东盟开展 OFDI，首先应高度关注其整体及国别投资环境。如在政策透明度层面，新加坡较之其他国家较高，对外国投资者的政策极为宽松，基础设施状况也比较完善，同时法律体系比较健全，商业网络十分广泛，投融资渠道多元等；相较而言，柬埔寨的市场化程度也比较高，在外汇使用方面基本没有任何管制，同时劳动力以及土地等要素成本相对较低，并享受一些发达国家的普惠制待遇，对东盟出口的产品零关税，对美国产品的出口给予低关税率等；文莱同样也具有较透明的政策环境，市场化程度比较高，进出口方面的税率较低，从事投资与贸易等领域的投资风险较低，加之其地理位置极其优越，其市场规模与潜力巨大；马来西亚是中国企业走进东盟与中东澳新的枢纽，经济基础坚实，要素资源等十分丰富，人力资本丰裕且素质较高，民族关系和谐融洽；泰国除了具有较高的政策透明度外，投资和贸易自由便利化程度较高，劳动力成本显著低于发达经济体，对中国的关系友好；印度尼西亚自然资源十分丰富，市场化程度较高，特别是金融市场对外高度开放，同时具有便利的国际海洋交通线；越南经济发展态势及前景良好，市场潜力巨大，在地理区位优势上能够辐射整个东盟，工资成本等方面远低于老东盟的国家。以此为基础，不断拓展对东盟投资规模和领域领域，如继续推动我国与东盟各国在纺织、钢铁、机械、造船、化工、信息和汽车等行业的投资合作。目前，东盟各国正加紧互联互通建设，进一步提高交通以及通信等基础设施的联通水平，不断强化技术及标准等方面的合作。同时，各成员方还采取培训班及研讨班等方式，推动国际交流与深度合作，持续推进双边、多边资质和技术标准互认，旨在为进一步推动多双边投资合作扫清标准及技术等层面的障碍。此外，中国企业"走进"东盟还需要充分发挥自贸区、博览会等重要载体和平台作用，加大外资项目吸引等方面的宣传、推介及撮合等工作，为未来推动更多中国企业"走出去"走进东盟开展 OFDI 提供政策咨询与服务保障（李一平等，2020）。

8.3.2　科学引导投资国别流向

目前，中国企业对东盟直接投资领域相对集中，未来应不断拓展对其投资领域，以规避投资过度集中所衍生的风险（王伟、王玉主，2019）。可以充分结合东盟各国产业的特征和特色有针对性地扩展投资领域。例如，在加工制造业方面，可优选越南、柬埔寨、马来西亚和文莱等国，且这些国家具有低廉劳动力成本优势。越南目前拥有本国企业 100 多家和外资企业 12 家汽车工业，其中从事整车组装的企业 20 家、车身生产的企业 20 家以及零部件生产的企业 60 多家。越南工贸部发布的《2020 年前工业发展指导计划和 2030 年愿景》要求，2020～2030 年的十年间，越南要实现达到 12% 的工业生产年增长率目标，同时重点发展与农林渔业生产、机械和金属制品、电子信息技术、化工以及纺织服装与制鞋等紧密相关的制造业，及其相配套的产业，旨在进一步增强越南在全球价值链（GVC）和产业链中的参与度；柬埔寨的支柱产业为纺织制衣业，对柬埔寨增加就业规模、扩大居民收入水平、消减贫困以及维护社会稳定

等具有关键作用。当前,柬埔寨正在制定制衣、制鞋等行业5年发展策略
(2020~2025年),以提高其竞争力和附加值(冯晓玲等,2020);制造业是推
动马来西亚经济高质量发展的重要引擎,主要聚焦于机械、电子、钢铁、石
油、化工以及汽车制造等多个领域。2017年制造业为马来西亚创造了2699.7
亿马币,同比增长6%,占全国GDP总规模的23%。与此同时,近年来马来
西亚政府进一步鼓励和支持外资投向制造业,而机器设备生产、零部件加工以
及模具生产等中间产品制造业已成为外资青睐的重点领域。文莱油气资源储藏
十分丰富,2015年《BP世界能源统计年鉴》数据显示,截至2014年末,文
莱已经探明的石油储量高达11亿桶,天然气储藏量达3000亿立方米,文莱在
不断扩大勘探新油气区的同时,对油气开采等方面采取节制政策。近年文莱的
石油日产量总体控制在20万桶以下,目前是东南亚第3大重要产油国,天然
气日产量达3500万立方米,为全球第4大天然气生产国。

8.3.3 优化调整投资产业布局

大部分东盟国家在经济发展水平和经济结构上与中国具有较好的梯度优
势。东盟在资源密集、劳动以及部分资本密集型等领域拥有较大优势和巨大潜
力,目前初步形成了具有多个"10+1"自贸协定等高度开放的经济体系。具
体来看,泰国、文莱、马来西亚以及印度尼西亚等国家具有丰裕的自然资源,
但同时柬埔寨和缅甸等国的电力燃气、基础设施以及水部门等处于相对劣势,
中国企业可以加大在石油化工、采石采矿业、金属产品等资源密集型产业合
作;老挝、越南、柬埔寨和缅甸等国劳动力充裕,中国企业可以加大在造纸
业、纺织服装业等劳动密集型产业合作;菲律宾、马来西亚、印度尼西亚、越
南和新加坡等国石油化工产业、机械制造业等重工业具备比较优势,中国企业
可以加大在运输业、建筑业、机械制造以及电气等资本密集产业合作;在技术
密集型产业领域,电子工业是目前新加坡的重要传统产业之一,精密工程是政
府高度重视并优先发展的支柱产业之一,新加坡作为世界的第三大金融中心,
是亚洲美元的离岸中心市场,在东盟国家中,新加坡的技术创新能力具有一定
的优势。因此,未来中国企业可以进一步加大与新加坡在金融业、电子以及邮
电通信产业等技术密集型产业合作(陈慧,2017)。

8.3.4　加大新兴产业投资力度

随着中国和东盟国家经济不断发展，东盟国家步入新发展周期，除了应进一步推动与东盟国家在基础设施建设、能源开发等重点领域的投资外，中国还应加强与东盟在新兴产业领域的合作，如数字经济。对东盟国家而言，数字经济红利巨大，有助于东盟国家市场实现跨越式进步（赵祺，2022）。面对新冠肺炎疫情肆虐冲击影响，中国与东盟在数字经济领域的合作呈现快速发展态势。这一领域也是双方历来重视并积极合作的重点领域，双方互为重要合作伙伴。在新冠肺炎疫情影响下，中国与东盟各国开展了形式多样的数字化联合抗疫举措，对促进双方数字技术及其互联互通合作产生重要影响和积极意义，数字经济合作活力凸显（崔日明、李丹，2020）。对中国而言，新发展格局需要稳定产业链的建设和发展，数字经济在很大程度上可以提高全社会生产效率，从而提升社会经济发展程度。遭遇疫情反复冲击，对国民经济和社会稳定健康发展带来沉重打击。在此背景下，国家高度重视并出台一系列有效措施予以应对，特别是促进数字经济韧性"补位"，对成功抵御疫情产生积极成效。数字经济在抗击疫情中的衍生强大动力及作用，成为未来世界各国发展数字经济的新动力，掀起新一轮创新发展数字经济的新高潮（徐理群，2020）。对此，中国与东盟各成员国应抢抓新一轮科技革命和产业变革重大机遇，进一步探索推进在互联网、大数据、人工智能以及智慧城市建设等重点领域的合作，推动实现产业数字化与数字产业化转型，进而带动制造业实现数字化、网络化以及智能化等，共同维护区域价值链、产业链和供应链安全稳定（姜志达、王睿，2020）。

8.3.5　不断创新对外投资方式

新发展阶段，特别是"十四五"时期，我国应抓好抓实《区域全面经济伙伴关系》协定、"一带一路"倡议等重要区域发展战略，持续完善"产业链"全球布局，推动构建形成"内外协同"的产业链、"安全高效"的供应链以及"利益共享"价值链体系，着力打造形成面向全球的贸易、金融、生产以及创新等网络体系，创新驱动国内产业结构调整优化与转型升级发展，进一步促动国内与国际产业链高效衔接、市场深度融合及创新互促提质。具体来讲，不断完善发达经济体（如新加坡）和发展中经济体拓宽双向投资区域布局；大力推动龙头企业"走出去"带动中小型企业国际化，同时依托跨境产业园区等载体共促产业集群集聚效应；创新对外投资方式，以产能合作为重点，优化投资产业策略（范鹏辉等，2020），进一步提高装备制造、零部件加工、技术、标准以及品牌等高质量"走出去"，促成投资与贸易互动提质发展的良好格局（孙好雨，2019）；加大政策支持的力度，鼓励民营企业"走出去"，充分发挥民企在部分关键领域的投资优势，助推通过跨境收购方式以实现技术获取以及营销渠道整合等全球化优质资源（王晓红，2017）。打造一批具备引领乃至主导区域价值链及全球价值链重构的大型跨国企业，构建形成拥有区域乃至国际较高影响力的境外制造基地与经贸合作区，筑建稳定的海外资源与能源供应基地。为此，还应进一步完善中国的国际制造、服务以及创新体系，全方位拓展与东盟以及"一带一路"沿线的 OFDI 空间，推动实现更高水平对外直接投资，带动经贸合作高质量持续发展。

8.3.6　完善投资促进政策体系

对标国际高标准经贸规则，进一步完善投资促进与保障体系。鼓励并引导走出去企业严格按照新的国际经贸及标准，自觉规范跨国经营行为。督促企业严格遵守东道国当地的法律法规与社会风俗，在开展国际经贸合作交流中加强生态保护，履行应尽的社会责任，同时力争避免同行业恶性竞争。特别是要遵循绿色发展与可持续发展新理念，增强环境保护意识，同时增强在绿色金融、健康医疗以及教育等服务领域的投资，积极履行并承担一定社会责任，进一步增强投资企业的社会责任意识（龚柏华，2022）。此外，还需持续完善有助于推动企业"走出去"的监管制度，如构建企业 OFDI 资格审查制度，建立与国有资本及其企业跨境投资相关的审计制度，健全完善对跨境投资企业的绩效考核及追责制度。与此同时，积极争取推动与重点国家及区域签署司法协助、经贸合作便利化等方面的协定。此外，还需要加大对东道国投资环境、法律政策以及市场风险等多个领域的研究，健全与完善投资促进、信息咨询、行业指导、人才培育以及风险防控等方面的服务，力促打造成"一站式"的综合性服务平台，为企业跨国经营提供全方位综合性服务。同时，应高效发挥当地民间组织、商会以及华侨华人等中介力量的作用（唐红祥、陈慧，2020），不断健全领事保护制度，为中国企业海外利益实现"保驾护航"，确保对外投资安全与收益。

8.3.7　深入与第三方市场合作

东盟国家既是"一带一路"建设的重要地区（毕世鸿、屈婕，2020），也是推进与第三方市场开展合作的理想选择。《区域全面经济伙伴关系协定》（RCEP）签署落地生效，有助于进一步加深与第三方市场合作的深度及广度。目前 RCEP 所覆盖的人口总量、经济体量以及贸易规模均占据全球的约 1/3，这一庞大的市场规模有力提振了区域内各成员国从事投资和贸易的信心和决心，对于深化区域价值链、产业链及供应链合作具有重要意义。同时，对于促进域内各国联合抗疫，共促区域经济复苏反弹，进而带动区域经济繁荣稳定发展。此外，RCEP 将为推进亚太自贸区（FTAAP）磋商成功提供路径参考和积极作用，将会引发更多域外国家参与区域竞争及合作。基于此，为加强国际间更紧密合作，充分发挥各国优势，实现全球经济多赢格局，中国应更积极作为，充分利用第三方合作契机推动中国企业优势与其他国家企业优势互补，共促双方与多方产业互促提质发展，进而实现"1 + 1 + 1 > 3"的美好远景（吴崇伯、叶好，2020）。继 2015 年《中法关于第三方市场合作的联合声明》签署后，中国相继与德国、英国、日本、韩国以及比利时等国也达成开展第三方市场合作的共识（程晓勇、黄扬梓，2021）。这不但为推动各方共促"一带一路"高质量发展注入新的动力，也为《区域全面经济伙伴关系》顺利实施提供了新的活力。世界不同国家携手共推"第三方市场合作"，有助于进一步增强彼此之间的信任度和责任感，还能够有效解决合作争端，促进各方共赢，进而开创新时期区域经济高质量合作的新局面。

8.3.8　着力构建紧密命运共同体

全球化深入推进以及由此形成的互助依赖关系日趋加深，使得各国利益交融日益增强，前途及命运关联更趋紧密。中国与东盟在加强经贸合作推动可持续发展的进程中，也带来了新问题和新挑战。构建中国与东盟命运共同体是强化政治安全互信、协调利益分歧，进一步深化经贸合作的重要基石（全毅、尹竹，2017）。"命运共同体"有助于从可持续合作发展视角全面认识中国与东盟的"共同利益"，有利于促进发展战略有效对接和相关政策高效协调，在合作与竞争中寻求双方共同利益的平衡点，降低乃至消除对发展的过度依赖性，增强发展的动力和活力，更好地推动发展方式深度交融和跨区域均衡发展（韩志立，2021）。携手推动共建中国与东盟"命运共同体"，要考虑东盟各国内部发展的差异性特点，特别是要统筹兼顾相对落后的发展中经济体的根本利益和发展诉求，力促多双边能够实现互利共赢（杨宏恩、孟庆强，2016）。与此同时，加快推动中国—东盟"命运共同体"建设，还需要充分发挥民间力量，不断加强加大民间交流，单纯依靠官方互动，难以消解因社会制度、文化差异、宗教信仰以及发展程度等差异对双方互信和情感的影响。广泛而强大的民意是中国与东盟"命运共同体"构建的重要基石（卢光盛、王子奇，2020）。为此，中国还需创造便利化条件支持和鼓励个人、民间团体等与东盟各国加强沟通、交流和联系，进一步加强在旅游、体育、科技、文化、媒体、青少年等方面的深度交流与合作，培养彼此的认同感，为深入推进双方携手打造更加紧密的"中国—东盟命运共同体"夯实基础。

参考文献

[1]［日］铃木惠一．アジアへの企业展开と日本の地域产业政策［J］．地域开发，1995（4）：38－44．

[2]［日］原正行．海外直接投资论［M］．封小云，译．广州：暨南大学出版社，1995：47．

[3]［英］尼尔·胡德，［英］斯蒂芬·扬．跨国企业的全球化经营与经济发展［M］．沈进建译．北京：中国社会科学出版社，2006．

[4]鲍静海，韩小蕊．我国对"一带一路"沿线国家直接投资的出口效应［J］．山西财经大学学报，2019，41（2）：16－34．

[5]毕世鸿，屈婕．多边合作视角下中日在东盟国家的第三方市场合作［J］．亚太经济，200（2）：23－31，149－150．

[6]边婧，张曙霄．我国对外直接投资贸易效应的异质性研究——基于"一带一路"沿线国家的分析［J］．经济纵横，2020（2）：99－105．

[7]曹云华，李均锁．东盟经济共同体与"21世纪海上丝绸之路"：竞争与合作［J］．广东社会科学，2020（2）：37－44．

[8]曾燕萍．中国与"一带一路"沿线国家文化贸易总体格局与互补性研究［J］．上海对外经贸大学学报，2020（3）：41－50．

[9]陈传兴，杨雅婷．中国对外直接投资的贸易效应分析［J］．国际经济合作，2009（10）：52－55．

[10]陈慧．"一带一路"背景下中国—东盟产能合作重点及推进策略［J］．经济纵横，2017（4）：42－47．

[11]陈继勇．美国对外直接投资研究［M］．湖北：武汉大学出版社，1993：64－65．

[12]陈江滢，葛顺奇．投资者—国家争端解决机制的改革与中国对策

[J]. 国际贸易, 2021 (1): 47 - 56, 82.

[13] 陈庭翰, 连晗羽. 中国与东盟商品贸易的合作与成长空间——基于竞争性与互补性数据的分析 [J]. 会计与经济研究, 2020 (3): 110 - 126.

[14] 程成, 孙文致. 中国—东盟双向直接投资空间关联与动力因素 [J]. 亚太经济, 2022 (3): 80 - 90.

[15] 程晓勇, 黄扬梓. 中美日与东盟经济合作解析 [J]. 现代国际关系, 2021 (9): 44 - 53, 62.

[16] 程中海, 冯梅. 中国对欧亚区域的直接投资是否促进了能源进口——基于一带一路产能合作视角 [J]. 中国科技论坛, 2017 (5): 101 - 106.

[17] 楚天娇, 宋韬. 跨国公司在发展中国家 R&D 投资的空间格局研究 [J]. 世界地理研究, 2005 (4): 9 - 14.

[18] 崔日明, 李赵丹. 后疫情时代中国—东盟区域价值链的构建研究 [J]. 广西大学学报 (哲学社会科学版), 2020 (9): 118 - 124.

[19] 崔晓静. 中国与"一带一路"国家税收协定优惠安排与适用争议研究 [J]. 中国法学, 2017 (2): 194 - 214.

[20] 邓力平, 马骏, 王智烜. 双边税收协定与中国企业"一带一路"投资 [J]. 财贸经济, 2019 (11): 35 - 49.

[21] 丁详生, 张岩贵. 发展中国家 (地区) 跨国公司对外直接投资的动因 [J]. 珞珈管理评论, 2007 (1): 209 - 216.

[22] 杜兰. 疫情下中国—东盟关系的新进展与未来挑战 [J]. 国际问题研究, 2021 (6): 54 - 69.

[23] 范鹏辉, 张威, 崔卫杰. 新时期我国对外投资高质量发展的内涵和路径 [J]. 国际贸易, 2020 (8): 4 - 10.

[24] 范祚军. 中国—东盟自由贸易区全面建成十周年回顾与展望 [J]. 人民论坛, 2020 (34): 90 - 93.

[25] 房裕, 田泽. 美国外资安全审查新动向、影响及应对策略研究 [J]. 理论探讨, 2020 (6): 14 - 19.

[26] 房裕. 中国对外直接投资的产业升级效应研究 [D]. 兰州: 兰州大学, 2015: 78.

[27] 冯德连. 中国制造业大企业国际化优势的理论构建 [J]. 经济问

题，2018（2）：1-8，22.

［28］冯晓玲，王玉荣，赵鹏鹏.东盟贸易位次提升：原因分析与前景展望［J］.国际贸易，2020（9）：76-82.

［29］付强，朱竹颖.美在华直接投资对中美贸易不平衡的影响［J］.国际贸易问题，2008（7）：77-81.

［30］高鹏飞，胡瑞法，熊艳.中国对外直接投资70年：历史逻辑、当前问题与未来展望［J］.亚太经济，2019（5）：94-102，151-152.

［31］龚柏华.论境外投资规制中可持续发展理念［J］.政法论丛，2022（2）：3-13.

［32］郭朝先，刘芳."一带一路"产能合作新进展与高质量发展研究［J］.经济与管理，2020，34（3）：27-34.

［33］郭晶，李光辉.借力自贸区升级版推进中国—东盟经贸合作［J］.国际经济合作，2016（9）：20-23.

［34］郭思琪.日本产业结构转换与对外直接投资动机变化的初步研究［J］.现代日本经济，2000（1）：27-31.

［35］郭思吟.中国对东盟直接投资的贸易效应研究［D］.南京：南京理工大学，2019（3）.

［36］韩志立.关系主义理论视角下的东盟共同体建设［J］.国际论坛，2021，23（2）：142-154，160.

［37］何帆，姚枝仲.中国对外投资：理论与问题［M］.上海：上海财经大学出版社，2013.

［38］胡涛.国外石油跨国公司并购的动因及提示［J］.经济纵横，2001（1）：45-48.

［39］胡艺，沈铭辉.中美经贸摩擦与中国—东盟区域价值链的体系构建［J］.云南社会科学，2019（5）：52-62，186.

［40］黄朝阳.以文明交流互鉴开创中国—东盟合作新格局［J］.人民论坛·学术前沿，2020（17）：104-107.

［41］霍林，蔡楚岸，黄俊杰.动态视角下的中国对东盟OFDI效率——基于超效率DEA-Tobit的实证分析［J］.投资研究，2021，40（4）：17-28.

［42］贾妮莎，申晨，雷宏振，兰娟丽.中国企业对外直接投资的"就业

效应":理论机制与实证检验［J］. 管理评论, 2019, 31 (6): 49 - 59.

　　［43］贾文山, 江灏锋. 千年视野下百年未有之大变局与中国路径［J］. 现代国际关系, 2022 (7): 23 - 30, 60 - 61.

　　［44］江瑞平. 百年变局中的世界与中国［J］. 河北经贸大学学报, 2022, 43 (2): 1 - 10, 48.

　　［45］姜虹, 范纯增. 韩国对外直接投资的区域特征及成因［J］. 东北亚论坛, 2002 (5): 31 - 34.

　　［46］姜志达, 王睿. 中国—东盟数字"一带一路"合作的进展及挑战［J］. 太平洋学报, 2020 (9): 80 - 91.

　　［47］姜忠辉, 罗均梅, 孟朝月. 动态能力、结构洞位势与持续竞争优势——青岛红领1995~2018年纵向案例研究［J］. 研究与发展管理, 2020, 32 (3): 152 - 164.

　　［48］蒋德翠. 中国—东盟自贸区投资争端解决机制的困境与出路［J］. 河北法学, 2020, 38 (5): 104 - 116.

　　［49］蒋冠宏, 蒋殿春. 中国企业对外直接投资的"出口效应"［J］. 经济研究, 2014 (5): 160 - 173.

　　［50］蒋为, 周荃, 干铠骏. 国内市场规模扩张的方言壁垒及其出口效应——基于本地市场效应的视角［J］. 财经研究, 2019, 45 (5): 125 - 138.

　　［51］蒋序怀.1990年代以来日本对外直接投资动因与结构变化［J］. 探求, 2005 (1): 54 - 57.

　　［52］雷达, 初晓. 国际经济秩序演变与百年未有之大变局［J］. 国际商务研究, 2021, 42 (1): 3 - 12.

　　［53］雷小华. 中国—东盟建立对话关系30年:发展成就、历史经验及前景展望［J］. 亚太安全与海洋研究, 2022 (1): 61 - 82, 3 - 4.

　　［54］李国平, 田边裕. 日本的对外直接投资动机极其变化研究［J］. 北京大学学报 (哲学社会科学版), 2003 (2): 121 - 128.

　　［55］李鸿阶, 张元钊. 双循环新发展格局下中国与东盟经贸关系前瞻［J］. 亚太经济, 2021 (1): 90 - 97, 151.

　　［56］李鸿阶.《区域全面经济伙伴关系协定》签署及中国的策略选择［J］. 东北亚论坛, 2020 (4): 115 - 126, 128.

［57］李锴．韩国企业在华投资的发展与现状［J］．国际经贸，1999
（5）：19．

［58］李书彦，谭晶荣．中国对欧盟直接投资（OFDI）的时空特征及影响
因素［J］．经济地理，2020，40（6）：60－68．

［59］李晓钟，徐慧娟．中国对"一带一路"沿线国家直接投资贸易效应
研究［J］．国际经济合作，2018（10）：4－9．

［60］李新兴，蔡海龙，蔡松锋，谢家琦．RCEP未来发展前景及潜在影响
研究——基于GTAP模型［J］．宏观经济研究，2020（7）：165－175．

［61］李一平，罗晶晶，张海峰．区域合作发展与国家营商环境——基于
中国—东盟"一带一路"共建的研究［J］．厦门大学学报（哲学社会科学
版），2020（6）：70－82．

［62］廖庆梅，刘海云．基于二元梯度和边际的中国制造业OFDI母国就
业效应［J］．国际贸易问题，2018（6）：133－149．

［63］林创伟，谭娜，何传添．中国对东盟国家直接投资的贸易效应研究
［J］．国际经贸探索，2019（4）：60－79．

［64］刘恩专．外商直接投资的出口贸易效应分析［J］．当代经济科学，
1999（3）：3－5．

［65］刘海云，毛海欧．制造业OFDI对出口增加值的影响［J］．中国工
业经济，2016（7）：91－108．

［66］刘宏杰，马如静．资源获取型对外直接投资的历史阶段研究［J］．
经济纵横，2008（4）：62－65．

［67］刘强，王玉涵．中国与新加坡贸易便利化水平比较及对中国的改进
建议［J］．国际贸易，2020（3）：27－35．

［68］刘文勇．对外直接投资研究新进展［J］．经济学动态，2020（8）：
146－160．

［69］刘贞晔．全球大变局：中国的方位与出路［J］．探索与争鸣，2019
（1）：32－41，141．

［70］刘钻石，张娟．金融发展、出口替代与贸易失衡［J］．财贸研究，
2017（8）：33－43．

［71］卢光盛，王子奇．后疫情时代中国与东盟合作的前景与挑战［J］．

当代世界, 2020 (8): 35 - 40.

[72] 卢国学. 推进中国—东盟更紧密命运共同体建设 [J]. 中国发展观察, 2021 (24): 49 - 52.

[73] 鹿心社. 深入学习贯彻习近平外交思想 服务和推动建设更为紧密的中国—东盟命运共同体 [J]. 当代世界, 2021 (8): 4 - 9.

[74] 罗圣荣. 构建中国—东盟政治互信: 历史经验与提升路径 [J]. 当代世界, 2022 (4): 15 - 20.

[75] 罗晓斐, 韩永辉. RCEP 区域水产品产业链特征及中国参与治理路径 [J]. 中国流通经济, 2022 (4): 90 - 105.

[76] 马文秀. 日本对外直接投资缓解日美贸易摩擦的效果及其启示 [J]. 日本问题研究, 2007 (4): 6 - 11.

[77] 毛海欧, 刘海云. 中国对外直接投资对贸易互补关系的影响: "一带一路" 倡议扮演了什么角色 [J]. 财贸经济, 2019 (10): 81 - 94.

[78] 毛新雅, 章志刚, 王桂新. 长江三角洲地区外商直接投资的对外贸易效应 [J]. 国际贸易问题, 2006 (3): 73 - 80.

[79] 门洪华. 构建新型国际关系: 中国的责任与担当 [J]. 世界经济与政治, 2016 (3): 4 - 25, 155 - 156.

[80] 孟夏, 李俊. RCEP 框架下的服务贸易自由化 [J]. 南开学报 (哲学社会科学版), 2019 (1): 156 - 166.

[81] 裴秋蕊, 卢进勇. 中国对外直接投资动机趋势变化研究——基于单边引力模型及面板数据的实证分析 [J]. 经济问题探索, 2019 (7): 111 - 121.

[82] 全毅, 尹竹. 中国 - 东盟区域、次区域合作机制与合作模式创新 [J]. 东南亚研究, 2017 (6): 15 - 36, 152 - 153.

[83] 全毅. 新时期中国对外开放面临的严峻挑战及其战略选择 [J]. 和平与发展, 2019 (6): 1 - 18.

[84] 任志成, 朱文博. 中国对外直接投资与进出口贸易关系——基于 "一带一路" 沿线国家的实证分析 [J]. 南京审计大学学报, 2018 (9): 103 - 111.

[85] 阮建平, 陆广济. 深化中国—东盟合作: 从 "利益共同体" 到 "命运共同体" 的路径探析 [J]. 南洋问题研究, 2018 (1): 8 - 19.

[86] 桑百川. 外商直接投资动机与中国营商环境变迁 [J]. 国际经济评

论，2019（5）：34 - 43，5.

[87] 商务部. 对外投资合作国别（地区）指南—东盟［R］. 商务部，2019.11.

[88] 商务部. 对外投资合作国别（地区）指南—新加坡［R］. 商务部，2019.11.

[89] 商务部. 中国对外投资发展报告（2019）［R］. 商务部，2019.

[90] 商务部. 中国对外直接投资统计公报（2020）［R］. 北京：中国商务出版社，2020.

[91] 沈国兵. 疫情全球蔓延下推动国内国际双循环促进经贸发展的困境及纾解举措［J］. 重庆大学学报（社会科学版），2020（9）：1 - 13.

[92] 盛斌. "稳中求进"与中国对外贸易基本面［J］. 人民论坛，2019（6）：28 - 33.

[93] 宋瑞琛. 美国外资安全审查制度的新动向与国际投资保护主义［J］. 当代经济管理，2020，42（11）：81 - 89.

[94] 宋则行，樊亢. 世界经济史（上）［M］. 北京：经济科学出版社，1993：395.

[95] 宋则行，樊亢. 世界经济史（中）［M］. 北京：经济科学出版社，1995：259.

[96] 孙好雨. 对外投资与对内投资：替代还是互补［J］. 财贸经济，2019（6）：117 - 130.

[97] 孙艺. CPTPP、RCEP 与亚太区域经济一体化的前景［J］. 东北亚论坛，2022，31（4）：98 - 113，128.

[98] 孙悦，范健. 中国—东盟法治化营商环境协同优化机制建构［J］. 广西社会科学，2022（6）：65 - 73.

[99] 太平，李姣. 中国企业对东盟国家直接投资风险评估［J］. 国际商务（对外经济贸易大学学报），2018（1）：111 - 123.

[100] 谭宓，李世美，邹忠全. 中国—东盟自由贸易区正式建立的 FDI 促进效应实证分析——基于 2000 - 2018 年准自然实验的双重差分检验［J］. 广西社会科学，2022（2）：49 - 58.

[101] 唐红祥，陈慧. 中国—东盟产能合作的困境与出路［J］. 人民论

坛，2020（4）：140 - 141.

[102] 唐继凤，肖宵，李新春．企业战略节奏与竞争优势：一个理论框架 [J]．外国经济与管理，2021，43（7）：3 - 21.

[103] 陶蕾，宋周莺．RCEP 自贸区的建立及其成员国间贸易格局演化 [J]．世界地理研究，2022，31（4）：800 - 813.

[104] 滕堂伟，史佳宁，胡森林．中国对"一带一路"沿线国家直接投资的出口贸易效应 [J]．兰州大学学报（社会科学版），2020（11）：53 - 60.

[105] 王保民，袁博．美国外资安全审查的政治化趋势及我国的法律应对 [J]．国际贸易，2020（10）：89 - 96.

[106] 王碧珺，李冉，张明．成本压力、吸收能力与技术获取型 OFDI [J]．世界经济，2018，41（4）：99 - 123.

[107] 王凤彬，杨阳．跨国企业对外直接投资行为的分化与整合——基于上市公司市场价值的实证研究 [J]．管理世界，2013（3）：148 - 171.

[108] 王剑．FDI 与中国对外贸易的向量误差修正模型 [J]．数理统计与管理，2005（5）：6 - 9，99.

[109] 王健．中国周边形势新变化与周边命运共同体构建 [J]．国际展望，2022（1）：23 - 37，157.

[110] 王娟，刘禄宁．中国对东盟国家国际援助的贸易效应研究 [J]．广西大学学报（哲学社会科学版），2022，44（2）：163 - 176.

[111] 王勤，金师波．RCEP 对东盟经济发展和区域整合的影响 [J]．亚太经济，2022（2）：1 - 7.

[112] 王勤，温师燕．东盟国家实施"工业 4.0"战略的动因和前景 [J]．亚太经济，2020（2）：36 - 43，150.

[113] 王勤，赵雪霏．论中国—东盟自贸区与共建"一带一路"[J]．厦门大学学报（哲学社会科学版），2020（5）：99 - 106.

[114] 王勤．疫情背景下中国与东盟共建"一带一路"的路径 [J]．当代世界，2021（12）：64 - 69.

[115] 王恕立，向姣姣．创造效应还是替代效应——中国 OFDI 对进出口贸易的影响机制研究 [J]．世界经济研究，2014（6）：66 - 72.

[116] 王伟，王玉主．东盟引资政策的演变：由国别到区域合作的转向

[J]．南洋问题研究，2019（1）：88 - 100.

[117] 王喜平．对外直接投资与出口贸易的实证分析 [J]．商业研究，2007（4）：180 - 183.

[118] 王晓红．构建新时期我国企业对外直接投资的新体制和新格局 [J]．国际贸易，2017（3）：8 - 14，62.

[119] 王迎新．论海外直接投资与贸易的关系 [J]．财贸经济，2003（1）：80 - 85，97.

[120] 王永昌，李梦云．世界大变局视野下的确定性与不确定性 [J]．人民论坛·学术前沿，2021（10）：108 - 119.

[121] 王玉主．东盟崛起背景下的中国东盟关系—自我认知变化与对外战略调整 [J]．南洋问题研究，2016（2）：1 - 11.

[122] 王中美．RCEP 对亚洲供应链的影响：兼论"中国加一"策略 [J]．亚太经济，2022（3）：19 - 26.

[123] 魏玲．伙伴关系再升级：东盟关切、中国责任与地区秩序 [J]．国际问题研究，2021（6）：32 - 53，141 - 142.

[124] 魏民．打造中国 - 东盟自贸区"升级版"：问题与方向 [J]．国际问题研究，2015（3）：127 - 140.

[125] 温青山．国际石油公司发展战略与财务管理 [M]．北京：石油工业出版社，2004：10.

[126] 吴崇伯，丁梦．中日在越南的第三方市场合作 [J]．现代日本经济，2020（9）：13 - 23.

[127] 吴崇伯，姚云贵．东盟的"再工业化"：政策、优势及挑战 [J]．东南亚研究，2019（4）：50 - 71，154 - 155.

[128] 项本武．中国对外直接投资的贸易效应研究——基于面板数据的协整分析 [J]．财贸经济，2009（4）：77 - 82，137.

[129] 肖卫国．跨国公司海外直接投资研究：兼论加入 WTO 新形势下我国利用外商直接投资的战略调整 [M]．武汉：武汉大学出版社，2002：67.

[130] 徐步，杨帆．中国——东盟关系：新的启航 [J]．国际问题研究，2016（1）：35 - 48.

[131] 徐宏强．RCEP 是重振全球经济和反对保护主义的有力工具 [J]．

中国发展观察，2020（7）：56 – 58，65.

[132] 徐建伟，李金峰．我国制造业优势类别与对外直接投资路径研究——基于中间国家情景的比较分析 [J]．经济纵横，2018（1）：63 – 73.

[133] 徐理群．新冠肺炎疫情下的中国—东盟合作 [J]．南亚东南亚研究，2020（12）：99 – 110.

[134] 许利平．推动构建周边命运共同体：理论、现实与人文交流的路径探索 [J]．清华大学学报（哲学社会科学版），2022，37（4）：15 – 29，222 – 223.

[135] 闫周府，李茹，吴方卫．中国企业对外直接投资的出口效应——基于企业异质性视角的经验研究 [J]．统计研究，2019（8）：87 – 99.

[136] 杨宏恩，孟庆强．市场对接、产业融合与打造中国 – 东盟自由贸易区升级版 [J]．求是学刊，2016，43（4）：51 – 57，173.

[137] 杨继瑞，周莉．优化营商环境：国际经验借鉴与中国路径抉择 [J]．新视野，2019（1）：40 – 47.

[138] 杨先明，黄华．中国在"一带一路"沿线国家直接投资的关键区位选择——基于空间溢出效应的研究 [J]．财经问题研究，2021（7）：120 – 129.

[139] 杨珍增，王捷．美国对华直接投资对中美贸易失衡的影响研究 [J]．国际贸易，2015（8）：49 – 53.

[140] 尤宏兵，黄鸳涵，温珺．不同投资动机下政治风险对中国在东盟直接投资的影响 [J]．商业研究，2017（12）：90 – 98.

[141] 于津平，印梅．RCEP 时代亚太经贸格局重构与中国的战略选择 [J]．华南师范大学学报（社会科学版），2021（4）：5 – 18，203.

[142] 袁其刚，郜晨．企业对东盟直接投资的政治风险分析 [J]．国际商务（对外经济贸易大学学报），2018（3）：122 – 136.

[143] 袁一堂，王潇．中国经济国际化之路：国际贸易与对外投资关系实证研究 [J]．财政研究，2010（6）：30 – 34.

[144] 岳圣淞．第五次国际产业转移中的中国与东南亚：比较优势与政策选择 [J]．东南亚研究，2021（4）：124 – 149，154 – 155.

[145] 翟崑，陈旖琦．第三个奇迹：中国—东盟命运共同体建设进程及展望 [J]．云南师范大学学报（哲学社会科学版），2020（9）：134 – 144.

［146］翟崑. 克服知行矛盾：中国—东盟合作与地区秩序优化［J］. 太平洋学报，2022，30（2）：1-12.

［147］张宏，王霄，潘雨晨. 中国 OFDI 对出口结构的影响研究以"一带一路"为背景［J］. 亚太经济，2019（4）：79-87，151-152.

［148］张慧智. 韩国海外能源资源开发战略研究［J］. 当代经济研究，2009（12）：50-54.

［149］张建平，董亮.《区域全面经济伙伴关系协定》与亚太区域经济合作［J］. 当代世界，2021（1）：36-43.

［150］张明，王碧珺等. 中国海外投资国家风险评级报告［M］. 北京：中国社会科学出版社，2020.

［151］张相伟，龙小宁. 中国对外直接投资具有跨越贸易壁垒的动机吗［J］. 国际贸易问题，2018（1）：135-144.

［152］张晓钦. 中国—东盟自贸区运行绩效及持续发展路径［J］. 现代国际关系，2015（7）：25-31.

［153］张兴祥. 更高水平对外开放的新趋势与新优势［J］. 人民论坛，2020（11）：50-52.

［154］张应武. 对外直接投资与贸易的关系：互补或替代［J］. 国际贸易问题，2007（6）：87-93.

［155］张蕴岭. 百年大变局的思考［M］. 北京：世界知识出版社，2018.

［156］张蕴岭. 中国—东盟对话 30 年：携手共创合作文明［J］. 国际问题研究，2021（3）：107-117，138.

［157］赵蓓文，李丹. 从举借外债、吸收外资到双向投资：新中国 70 年"引进来"与"走出去"的政策与经验回顾［J］. 世界经济研究，2019（3）：3-10，134.

［158］赵春江，付兆刚. RCEP 与深化中日韩贸易合作的机遇与挑战［J］. 东北亚论坛，2021，30（6）：46-58，125.

［159］赵德森，黄晓晖，秦超. 中国对东盟技术转移的动机与模式研究［J］. 技术经济与管理研究，2015（11）：109-112.

［160］赵静，于豪谅."一带一路"背景下中国—东盟贸易畅通情况研究［J］. 经济问题探索，2017（7）：116-123.

［161］赵祺，罗圣荣．共同利益、身份认同与中国—东盟战略互信的逻辑［J］．印度洋经济体研究，2022（1）：18 – 39，152 – 153.

［162］赵祺．中国—东盟数字经济合作的机遇与挑战［J］．学术探索，2022（7）：59 – 66.

［163］赵甜，方慧．OFDI 与中国创新效率的实证研究［J］．数量经济技术经济研究，2019，36（10）：58 – 76.

［164］周攀攀，段秀芳．外商直接投资的贸易效应研究综述［J］．新疆财经大学学报，2012（3）：58 – 62.

［165］周士新．中国与东南亚国家外交关系 70 年：经验、反思及展望［J］．南洋问题研究，2020（1）：2 – 13.

［166］周昕，牛蕊．中国企业对外直接投资及其贸易效应——基于面板引力模型的实证研究［J］．国际经贸探索，2012（5）：69 – 81，93.

［167］Agarwal S.，S. N. Ramaswami. Choice of Foreign Market Entry Model：Impact of Ownership，Location，and Internalization Factors［J］．Journal of International Business Studies，1992，23（1）.

［168］Alan M. Rugman & Alain Verbeke. Multinational Enterprises and Public Policy［J］．Journal of International Business Studies，1998，29（1）：128.

［169］Belderbos R. & L. Sleuwaegen. Tariff Jumping FDI and Export Substitution：Japanese Electronic Firms in Europe［J］．International Journal of Industrial Organization，1998，16（5）：601 – 638.

［170］Benito G. R. G. Why and how motives（still）matter［J］．Multinational Business Review，2015，23（1）：15 – 24.

［171］Bergsten C. F.，Horst T. & Moran T. American Multinationals and American Interests［J］．Brooking Institution，1978.

［172］Bhagwati J. N.，Brecher R. A.，Dinopoulos E.，et al. Quid Pro Quo Foreign Investment and Welfare：A Political-economy-theoretic Model［J］．Journal of Development Economics，1987，27（1 – 2）：127 – 138.

［173］Brainard S. L. An Empirical Assessment of the Proximity-Concentration Trade-off Between Multinational Sales and Trade［J］．American Economic Review，1993，87（4）：520 – 544.

[174] Buckley P. J. & M. Casson. The Future of the Multinational Enterprise [M]. Holmes & Meier, 1976.

[175] Cavas R. E. Intemational corporations: The Industrial Economies of Foreign Investment [J]. Economiea, 1971 (38): 1 – 27.

[176] Chang Sea-Jin. International Expansion Strategy of Japanese Firms Capability Building through sequential Entry [J]. Academy of Management Journal, 1995: 38.

[177] Dunning J. H. Trade, location of economic activity and the MNE: A search for an eclectic approach [A]. Ohlin B, Hesselborn P O, Wijkman P M. The international allocation of economic activity [M]. London: Palgrave Macmillan, 1977.

[178] Eaton J. & Tamura A. Bilateralism and Regionalism in Japanese and U. S. Trade and Direct Foreign Investment Patterns [J]. Journal of the Japanese and International Economies, 1994, 8 (4): 478 – 510.

[179] Eaton, J. & A. Tamura. Japanese and US Exports and Investments as conduits of Growth [J]. NBER Working, 1996: 54 – 57.

[180] Gopinath G. , Itsknoki O. & Rigobon R. Currency Choice and Exchange Rate Pass-through [J]. American Economic Review, 2010, 100 (1): 304 – 336.

[181] Gray H. P. International Trade and Foreign Direct Investment: the Interface [A]. In: J. H. Dunning (Eds.), Globalization, Trade and Foreign Direct Investment [C]. Oxford: Elsevier, 1998.

[182] Grubel H. G. The Theory of Intra-Industry Trade [A]. In: I. A. McDougall & R. H. Snape (Eds). , Studies in International Economics [C]. Amsterdam: North-Holland, 1970.

[183] Head K. & Ries J. Overseas Investment and Firm Exports [J]. Review of International Economics, 2001, 9 (1): 108 – 122.

[184] Helpman E. Krugman P. R. Market Structure and Foreign Trade: Increasing Returns, Imperfect Competition and the International Economy [M]. Cambridge: MIT Press, 1985.

[185] Helpman E. , Melitz M. J. & Yeaple S. R. Export Versus FDI with Hetero-

geneous Firms [J]. American Economic Review, 2004, 94 (1): 300 –316.

[186] Helpman E. A Simple Theory of International Trade with Multinational Corporations [J]. Journal of Political Economy, 1984, 92 (3): 451 –471.

[187] Herzer D. The Long-Run Relationship between Outward Foreign Direct Investment and Total Factor Productivity: Evidence for Developing Countries [J]. Journal of Development Studies, 2011, 47 (5): 767 –785.

[188] Hirsch S. An International Trade and Investment Theory of the Firm [J]. Oxford Economic Papers, 1976, 28 (2): 258 –270.

[189] Horst T. Firm and Industry Determinants of the Decision to Invest Abroad: An Empirical Study [J]. Review of Economics and Statistics, 1972, 54 (3): 258 –266.

[190] Horst T. The Industrial Composition of U. S. Exports and Subsidiary to the Canadian Market [J]. The American Economic Review, 1972, 62 (1/2): 37 –45.

[191] Hymer S. The Efficiency (Contradictions) of Multinational Corporations [J]. The American Economic Review, 1970 (60): 441 –448.

[192] Johanson J. & Mattson lars-Gunnar. International Marketing and Internationalization Processes—A Network Approach [A]. In: N. Hood & J. E. Vahlne (Eds.), Strategies in Global Competition [C]. New York: Croom Helm, 1988.

[193] Jun Shao, Kangning Xu & Bin Qiu. Analysis of Chinese Manufacture Export Duration [J]. China & World Economy, 2012, 20 (4): 56 –73.

[194] Kindleberger C. P. American Business Abroad [M]. International Executive, 1969, 11 (2): 11 –12.

[195] Kogut Brule & Sea-Jin Chang. Technological Capabilities and Japanese Foreign Direct Investment in the Heisted Stands [J]. Review of Economics and Statistics, 1991: 73.

[196] Kojima K. Direct Foreign Investment: A Japanese Model of Multinational Business Operations [M]. London: Croom Helm, 1978.

[197] Kumar V. , et al. Co-Evolution of MNCs and Local Competitiors in Emerging Markets [J]. International Business Review, 2019, 28 (5): 15 –27.

[198] Lipsey R. E. & Weiss M. Y. Foreign Production and Exports in Manufactur-

ing Industries [J]. Review of Economics and Statistics, 1981, 63 (4): 488 –494.

[199] Lipsey R. E. , E. Ramstetter & M. Blomstrom. Outward FDI and Home Country Exports: Japan, The United States, and Sweden [R]. NBER Working Paper, 2000: 7623.

[200] Markusen, James R. Svensson & Lars E. O. Trade In Goods And Factors With International Differences in Technology [J]. International Economic Review, 1985, 26 (1): 175 –193.

[201] Mathews J. A. Dragon Multinationals: New Players in 21st Century Globalization [J]. Asia Pacific of Management, 2006, 23 (3): 5 –27.

[202] Michael Adler & Guy V. G. Steven. Direct Investment and Trade: An Analysis of the Export Displacement Effect [C]. New York: Annual Meeting of the American Economic Association Paper, 1974.

[203] Mitze T. , Alecke B. & Untiedt G. Trade – FDI Linkages in a Simultaneous Equations System of Gravity Models for German Regional Data [J]. International Economics, 2010, 122: 121 –162.

[204] Mundell R. , A. International Trade and Factor Mobility [J]. American Economic Review, 1957: 321 –335.

[205] Narula R. Do We Need Different Frameworks to Explain Infant MNEs from Developing Countries [J]. Global Strategy Journal, 2012, 2 (3): 188 –204.

[206] Neary J. P. Factor Mobility and International Trade [J]. Canadian Journal of Economics revue Canadienne Deconomique. 1994, 28 (s1): 4 –23.

[207] Patrie A. The Regional Clustering of Foreign Investment and Trade [J]. Transactional Cooperation, 1994, 12.

[208] Paul J. , et al. A Review of Research on Outward Foreign Direct Investment from Emerging Countries, Including China: What Do We Know, How Do We Know and Where Should We be Heading? [J]. Asia Pacific Business Review, 2018, 24 (1): 90 –115.

[209] Purvis D. D. Technology, Trade and Factor Mobility [J]. Economic Journal, 1972 (327) .

[210] Rugman A. M. & Brain C. Multinational Enterprises are Regional not

Global [J]. Multinational Business Review, 2003, 11 (1): 3 – 12.

[211] Samuelson P. International Factor-Price Equalization Once Again [J]. Economic Journal, 1949 (59): 181 – 197.

[212] Stone S. & Jeon B. N. Foreign Direct Investment and Trade in Asian-Pacific Region: Complementarity, Distance and Regional Economic Integration [J]. Journal of Economic Integration, 2000 (15).

[213] Svenson Lars. Foreign Investment and Mediation of Trade Flows [J]. Review of International Economics, 2004, 12 (4): 609 – 629.

[214] Tinbergen J. An Analysis of Word Trade Flows in Shaping the World Economy [M]. New York: Twentieth Century Fund, 1962.

[215] Türkcan K. Outward Foreign Direct Investment and Intermediate Goods Exports [J]. Economie Internationale, 2007 (4): 51 – 71.

[216] Tushman M. L. & O'Reilly C. A Managing Evolutionary and Revolutionary Change [J]. California Management Review, 1996, 38 (4): 8 – 28.

[217] Vernon R. International Investment and International Trade in the Product Cycle [J]. Quarterly Journal of Economics, 1966 (5): 190 – 207.

后　记

当今世界正面临百年未有之大变局，逆全球化思潮抬头，保护主义和单边主义上升，全球治理体系和多边机制受到冲击，产业链、供应链循环受阻，叠加新冠肺炎疫情冲击，世界经济正遭受大萧条时代以来最严重的衰退。中国与东盟既是友好近邻，也是重要战略伙伴。自1991年中国东盟开启对话进程到2021年建立全面战略伙伴关系，30年来，双方秉承相互尊重、互利共赢、守望相助与包容合作的发展理念，经贸合作实现跨越式发展，取得里程碑式成果。2019年东盟取代美国成为中国第二大贸易伙伴，2020年东盟超越欧盟，成为中国第一大贸易伙伴，中国已连续12年保持东盟第一大贸易伙伴地位。伴随着区域全面伙伴关系协定（RCEP）正式落地实施，中国与东盟在经贸领域合作的广度和深度将进一步拓展，双方的合作关系不断加强，继而为打造中国—东盟利益共同体，推动形成更为紧密的命运共同体奠定更坚实基础。本书是基于我的博士后出站报告补充和拓展而成。由于本人才疏学浅，书中可能存在不足之处，敬请同行批评指正。

本书的出版获得了河南省哲学社会科学规划项目"'一带一路'背景下河南企业价值链产能合作机制、风险与路径研究（2019CJJ076）"、河南省哲学社会科学规划项目"双碳"战略下河南实现经济新增长的动力转换及提升路径研究（2022CJJ139）、河南省高等学校重点科研项目"河南高校技术转移机构建设模式、运行机制与保障措施研究（20A630011）"等项目的资助。在此，特向支持本书出版的河南省社科规划办公室、河南省教育厅表示衷心的感谢！感谢河南科技大学商学院在著作出版中提供的良好科研环境和平台。

感谢我的博士后合作导师田泽教授，跟随田老师及其团队开展学术科研的两年中，我被导师深厚的学术功底、开阔的学术视野、坚定的学术情操、真挚的学术情怀与丰硕的学术成果深深吸引，更加坚定了我全身心投入研究的信心。感谢赵小克博士（后）、丁绪辉博士（后）、王威博士、李秀婷博士等对本书提供的支持和帮助。感谢我的研究生康宁、邢文昕、何昆鸿和胡磊等对本书初稿的校对工作。感谢经济科学出版社的编辑顾瑞兰女士和其他校编人员，他们耐心细致、认真高效的工作保证了本书的顺利出版。

最后，深深感谢我的父母、岳父母、妻子和家人，是他（她）们的默默关怀和无私支持，为我的学术研究提供了强大精神动力，特别是我的女儿房熙文，为本书的写作贡献了许多本应由我陪伴她快乐成长的宝贵时间。

在人生前行与学术成长的道路上，给予我鼓励、指导、支持、批评、鞭策的诸位师长、同学、同行、朋友，在此一并感谢！

房 裕

2022 年 8 月 6 日于洛阳